9788527305556

**Qorpo-Santo:
Surrealismo ou Absurdo?**

Coleção Debates
Dirigida por J. Guinsburg

Equipe de Realização — Revisão: Mary Amazonas Leite de Barros; Produção: Plinio Martins Filho e Cristina Ayumi Futida.

eudinyr fraga

QORPO-SANTO: SURREALISMO OU ABSURDO?

EDITORA PERSPECTIVA

Debates 212

Direitos reservados à
EDITORA PERSPECTIVA S. A.
Av. Brigadeiro Luís Antônio, 3025
01401 - São Paulo - Brasil
Telefones: 885-6878, 885-8388
1988

A Sábato Magaldi, cuja capacidade e lucidez se aliam a uma tranqüilidade e, the last but not the least, *a uma grande paciência...*

*Existem as coisas
sem serem vistas?*

CARLOS DRUMMOND DE ANDRADE

Agradecimentos a Célia Berrettini, Clovis Garcia e em especial a Flávio Aguiar, que tão generosamente colocou à minha disposição todo o material de Qorpo-Santo, atitude pouco comum, senão inusitada.

SUMÁRIO

    Revisão Lúcida - Sábato Magaldi 13
I. UM TEATRO SURREALISTA?
    1. Desregulagem de Registro... 19
    2. Absurdidade 27
    3. Surrealismo: O Universo Velado 33
    4. Qorpo-Santo: Itinerário da Solidão 41
II. A ESTRUTURA PERDIDA
    5. Abordagens Semiológicas 49
    6. A Estrutura das Comédias de Qorpo-Santo . 57
III. O EU REENCONTRADO
    7. A Libido e o Humor 71
    8. O Automatismo Psíquico 85
    9. Um Teatro Surrealista! 99
    Bibliografia 107

REVISÃO LÚCIDA

O título deste livro – *Qorpo-Santo: Surrealismo ou Absurdo?* – poderia parecer provocação, depois que praticamente a unanimidade da crítica rotulou o dramaturgo gaúcho, nascido em 1829 e morto em 1883, como precursor do teatro praticado em nosso século por Beckett, Ionesco, Pinter e tantos outros.

Na verdade, inédito em vida e só dado a conhecer na recente década de sessenta pelo grande estudioso Guilhermino César, José Joaquim de Campos Leão passou a figurar no mundo teatral logo depois que se cunhara a expressão "teatro do absurdo", substituindo para alguns nomes o vago e impreciso conceito de "teatro de vanguarda", posto em voga pelo próprio Ionesco. Era natural que se associassem a "absurdo" os procedimentos de Qorpo-Santo, ainda que a qualificação, em seu caso, muitas vezes se aproximasse mais do significado vulgar da palavra.

Numa prova saudável de que o ensaísmo teatral brasileiro está saindo da fase meramente exploratória, para proceder à revisão completa dos valores históricos, Eudinyr Fraga analisa a obra de Qorpo-Santo e a coteja com as características dominantes quer do teatro do absurdo, quer do surrealismo, para concluir que ela se aparenta muito mais, de fato, a esse último movimento.

A um exame superficial, a mudança de foco sugeriria conseqüências inócuas. Não é o que se verifica, porém: a nova leitura ressalta o automatismo psíquico na composição das peças qorpo-santenses, verdadeiro delírio a que se entregava o autor insone, longe do testemunho consciente daqueles que se debruçam sobre a falta de sentido metafísico da existência. Projeta-se, assim, uma luz diferente sobre os textos, encaminhando também uma forma própria para encená-los.

Eudinyr Fraga não acolhe esse ponto de vista por vezo polêmico, mas escudado em sólidas referências teóricas. Servem de apoio à sua indagação os escritos fundamentais dos surrealistas e dos que teceram comentários sobre eles (Henri Béhar, por exemplo), bem como o clássico livro de Martin Esslin a propósito do teatro do absurdo. Estabelecidas as bases de cada manifestação, fica mais fácil apontar as que se ajustam ao feitio de Qorpo-Santo.

As peças são submetidas a rigoroso crivo crítico, para que se levantem todas as suas implicações. Eudinyr vale-se das funções definidas por Étienne Souriau no pioneiro *Les deux cent mille situations dramatiques*, a fim de desmontar a estrutura da obra em estudo. E, espicaçado por algumas personagens do escritor gaúcho, chega a colaborar com o esteta francês, propondo a função de "cometa", não encontrável no repertório que lhe serviu de modelo.

Se este ensaio não abdica, em nenhum momento, do espírito universitário que lhe deu origem, tem a vantagem de fugir da terminologia demasiado técnica, acessível a menor número de leitores. Acompanha-se com facilidade seu raciocínio, a que não faltam os proveitosos componentes do bom-senso e do humor. A leitura resulta agradável, fluente, ininterrupta.

O nome de Eudinyr Fraga, embora talvez um pouco tardiamente surja como ensaísta de teatro, há muito é conhecido dos meios especializados de São Paulo. Já na década de cinqüenta colaborou no movimento amador, como membro do grupo de Lotte Sievers, responsável pela divulgação de obras alemãs de qualidade. Insatisfeito com o autodidatismo, ingressou na Escola de Arte Dramática, para estudar Dramaturgia, curso criado por Alfredo Mesquita, paralelamente ao de Interpretação, com o objetivo de estimular o aparecimento de novos autores brasileiros. Alguns de seus textos figuraram em publicações do Movimento Zero Hora.

Nos últimos tempos, contudo, Eudinyr se tem voltado de preferência para o magistério e a pesquisa universitária. *Qorpo-Santo: Surrealismo ou Absurdo?* nasce de uma dissertação de Mestrado, a que se seguiu *O Simbolismo no Teatro Brasileiro*, tese de Doutorado. Os estudos indicam a inclinação por temas difíceis, não-convencionais, mas capazes de elucidar problemas importantes da nossa História dramatúrgica.

Eudinyr aliou à formação específica uma curiosidade ampla por outras áreas, em particular a música e as artes plásticas. Por isso sua visão do fenômeno cênico se beneficia da familiaridade com outras linguagens, harmonicamente incorporadas ao trabalho do palco. Ficaria pobre qualquer consideração sobre o surrealismo que omitisse as conquistas da pintura e as sondagens da psicanálise, entre outras. E não se entenderia a estética do simbolismo sem menção ao universo musical.

Se Qorpo-Santo não participava, até a década de sessenta, dos livros que traçavam a evolução de nossa dramaturgia, o motivo é simples: ele não contava, por ser desconhecido. Caso isolado, escrita inclassificável pelos padrões da época em que viveu, passou a perturbar os esquemas sabidos do romantismo ou da triunfante comédia de costumes no século passado. Hoje seria impossível descartá-lo, ainda que só encenado há pouco mais de vinte anos. E, tanto para melhor compreendê-lo como para transformá-lo em espetáculo, este livro se torna imprescindível.

Sábato Magaldi

I. UM TEATRO SURREALISTA?

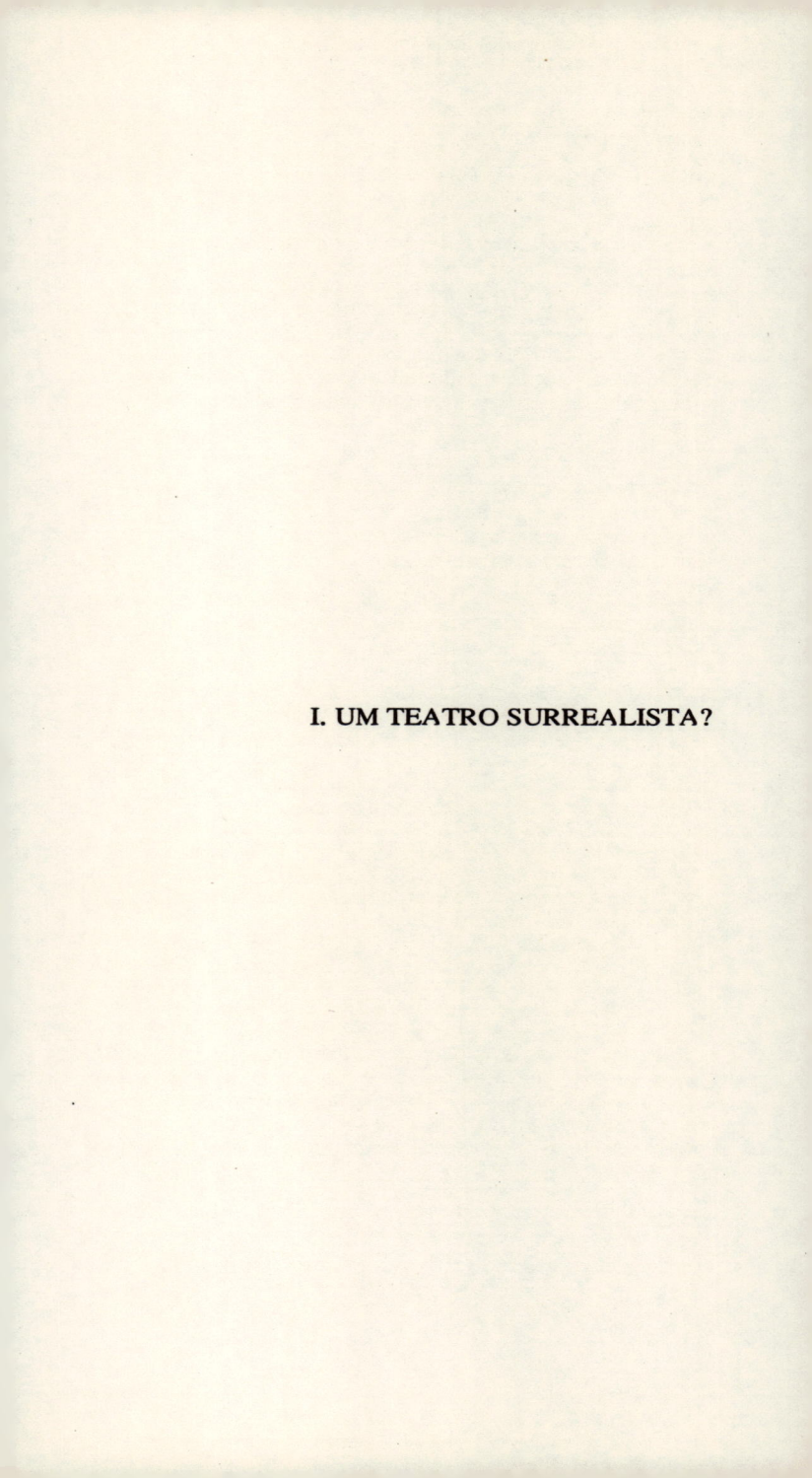

1. DESREGULAGEM DE REGISTRO...

A obra de Qorpo-Santo, escritor gaúcho da segunda metade do século XIX, é ainda pouco estudada e, pode-se dizer, relativamente mal conhecida. Até 1975, o único estudo que existia sobre ela era de Guilhermino Cesar, feito com carinho, sem dúvida, mas tendo uma preocupação mais informativa que crítica. Aliás, o maior interesse desse volume são os próprios textos do dramaturgo, restabelecidos pelo seu descobridor. Diga-se de passagem que estamos a par de uma polêmica sobre quem teria sido o responsável pelo "descobrimento" de Qorpo-Santo, surgida em 1968, em Porto Alegre: Aníbal Damasceno ou Guilhermino Cesar? Tal tipo de discussão não nos ocupará e nos parece realmente "curiosa e provinciana", como bem humoradamente afirmou Flávio Aguiar.

É Flávio quem estuda profundamente a obra qorposantense no seu precioso *Os Homens Precários*, traba-

19

lho sério e profundo, onde analisa os diversos textos teatrais, não só aqueles publicados anteriormente, como também outros que não constavam do livro de Guilhermino que, posteriormente, publicou, numa edição intitulada *Qorpo-Santo — Teatro Completo*[1], suas dezessete peças conhecidas.

As obras teatrais de Qorpo-Santo nos interessaram profundamente, sobretudo pelo caráter inusitado que apresentam no quadro de nossa dramaturgia de costumes do século XIX. Com efeito, ele quebra totalmente a noção de "peça bem-feita", ambição de nosso teatro romântico e realista, que seguia, na verdade, a tradição do teatro europeu:

... dá a impressão de um teatro de costumes que tivesse sofrido de uma desregulagem de registro...

Essa "desregulagem de registro" envolve não somente a carpintaria teatral mas a própria temática. Adultérios, ódios, amores contrariados, mesmo incesto, são temas comuns à dramaturgia ocidental do século XIX. O que nos espanta é o enfoque absolutamente diverso, onde as preocupações morais soam inautênticas ou surgem dentro de perspectiva paródica. A nosso ver, haveria um ponto-chave na temática desses textos: o dilaceramento de uma personalidade, hesitante entre a vertigem da queda e a recuperação de si própria.

Já Décio Pignatari, autor do comentário acima transcrito (o livro é de 1971), dizia que "a seu propósito (Qorpo-Santo), no sul, lembram Ionesco e o 'teatro do absurdo'. As analogias não são difíceis de ser localizadas"[2].

Realmente, a maioria dos comentaristas da obra do dramaturgo gaúcho se aferrou a essa classificação, ou seja, por suas características ele se filiaria ao chamado Teatro do Absurdo, expressão criada pelo crítico Martin Esslin, procurando estabelecer alguns pontos de contato entre dramaturgos particularmente ativos, a partir de 1950.

---

1. QORPO-SANTO, *Teatro Completo*, Rio, MEC-SEAC-FUNARTE-SNT, 1980. (Todas as citações do dramaturgo foram retiradas dessa edição).

2. PIGNATARI, Décio. *Contracomunicação*. S. Paulo, Perspectiva, 1971.

Como decorrência de tal afirmativa, foi lógico concluir que se esses dramaturgos prosperaram na década de 50 e se o nosso escritor viveu um século antes, conseqüentemente, teria sido um precursor do teatro por eles realizado.

Guilhermino Cesar é categórico quando diz que Qorpo-Santo

> É, com toda certeza, o criador do "teatro do absurdo"...

Mais tarde, no volume *Qorpo-Santo, As Relações Naturais e Outras Comédias*, o mesmo autor denomina significativamente a segunda parte de *O Criador do Teatro do Absurdo* e reafirma:

> ... a importância da sua obra precursora do teatro de Ionesco, de Ghelderode, de Jarry e de Vian, será um dia unanimemente reconhecida. As soluções de Ionesco, levando ao humor pelo absurdo, não representam nenhuma novidade, ante o que realizou modestamente, no mais completo desamparo moral, o autor gaúcho morto em 1883.

No segundo semestre de 1980, na publicação do *Teatro Completo* de Qorpo-Santo, ele insiste:

> ... tratando-se de um dramaturgo estranho, imprevisto, fora da craveira comum, a quem se pode dar, sem favor, o epíteto de criador do teatro do absurdo...

Também Yan Michalski, em 1968, no *Jornal do Brasil*, declara:

> ... o autor gaúcho é, muito provavelmente, o primeiro precursor mundial do teatro do absurdo...

Seis anos mais tarde o crítico confirma tal conceito no seu artigo intitulado "Qorpo-Santo: O Teatro do Absurdo Nasceu no Brasil?", onde responde afirmativamente à pergunta do título:

> ... até prova em contrário, sua obra é a primeira, no mundo inteiro, a revelar a maioria das principais características daquilo que, corretamente ou não, convencionou-se hoje em dia chamar de teatro do absurdo.

Maria Helena Khüner é mais discreta, embora não chegue a discordar. Comentando a existência, atualmente, de uma atitude agressiva contra a "classe média", ela ressalva que esta agressividade ainda não encontrou um número muito significativo de cultores na nossa dramaturgia (o livro é de 1971), e acrescenta:

> É curioso notar, por exemplo, corroborando a "novidade" do traço, a descoberta de Qorpo-Santo: sua crítica à burguesia, em termos quase que de teatro do absurdo, passou a todos menosprezada por seus contemporâneos...

ou, mais adiante:

> Não tivemos, assim, um teatro do tipo absurdo ou existencial, que a descoberta ocasional de um Qorpo-Santo no Rio Grande do Sul não chega a preencher, pois mesmo nele, mais que os temas, é a crítica social que se serve de formas do teatro do absurdo, como nos autores mais atuais[3].

Já Flávio Aguiar, na sua tese sobre o dramaturgo, se por um lado parece concordar com essa "classificação", "é perfeitamente possível considerar o *teatro da paralisia*" (Flávio assim designa a dramaturgia de Qorpo-Santo, no sentido de que, embora os textos sugiram uma infinidade de opções — na escolha de "processos" teatrais: teatro de costumes, teatro de tese, trágico, grotesco, cômico — nunca opta radicalmente por quaisquer dessas tendências. Como ele diz: "ameaça dar o *salto mortal* mas não se decide e permanece na ameaça") de Qorpo-Santo como precursor do Teatro do Absurdo, e muito mais, por outro, não é simplista e mostra com clareza que esse teatro é um cadinho onde se misturam as coisas mais diversas. Significativamente, denominou esse capítulo de sua obra de "Qorpo-Santo, Precursor de si Próprio", ou seja, é difícil classificá-lo, já que nele encontramos um pouco de tudo e até o viram como precursor do distanciamento brechtiano...

Prefaciando esse volume, Guilhermino Cesar chama-nos a atenção para a conveniência de

> distinguir a sua produção febricitante [de Qorpo-Santo] daquele outro tipo de peças manipuladas pelo intelectualismo frio — a razão de um Sartre ou de um Ionesco. (...) Por isso mesmo, o seu teatro oitocentista, precursor do "teatro do absurdo", tem raízes mais anímicas do que o seu atual homônimo europeu[4].

Curiosamente, aqui está, em linhas gerais, um dos motivos que vão conflitá-lo com esse tipo de teatro. Realmente, os dramaturgos do absurdo se servem dessa linguagem para analisar, de maneira racional e altamente intelectualizada, um universo que lhes parece enigmático e hostil. Essa é uma diferença básica: o teatro de Qorpo-Santo não é cerebral; jorra do fundo de uma mente atormentada, que não consegue integrar o dualismo em que se acha mergulhada.

---

3. KÜHNER, Maria Helena. *Teatro em Tempo de Síntese*. Rio, Ed. Paz e Terra, 1971.

4. AGUIAR, Flávio. *Os Homens Precários*. Porto Alegre, A Nação/Inst. Est. do Livro, 1975.

O Teatro do Absurdo tem uma ideologia, obedece a propósitos determinados, mas, para objetivá-los, serve-se de meios teatrais precisos, manipulando-os com rara mestria. Cabe notar, aliás, que Sartre não é considerado, dentro dos padrões de Esslin, um cultor dessa forma teatral, por se utilizar da linguagem, *dialeticamente*, como um meio de persuasão do espectador. Embora Ionesco, também, quando acha necessário, saiba discutir com invejável bom senso e propriedade a eficácia do seu teatro, como demonstrou na polêmica travada em junho de 1958 com Kenneth Tynan, crítico teatral do *The Observer*. O dramaturgo nela se saiu brilhantemente, demonstrando não ser

apenas o autor de hilariantes comédias sem sentido, como tantas vezes se diz na imprensa, mas um artista sério, dedicado à árdua exploração das realidades da situação humana, perfeitamente cônscio da tarefa a que se propôs, e equipado com um formidável poderio intelectual.

O teatro de Qorpo-Santo parte de um esquema habitual ao teatro de costumes da sua época mas, por força do automatismo psíquico, de uma escrita automática que utiliza (ou que o utiliza ...) sem cessar, ultrapassa-o e dele se distancia completamente, fragmentando o fulcro inicial e transformando-se em algo completamente diferente, repleto de elementos que, mais tarde, se constituirão como componentes de um teatro dito "surrealista".

A sua despreocupação com as soluções esteticamente resolvidas não lhe invalida a obra; ao contrário, aumenta-lhe o fascínio e o interesse. Guilhermino emprega até o advérbio "mediunicamente" para designar a maneira de escrever do dramaturgo. Concordamos, a palavra é exata e demonstra a extrema dificuldade de associá-lo a um Beckett ou a um Pinter.

Yan Michalski, um crítico sempre lúcido, ao endossar tais idéias, parece-nos ter se detido em aspectos mais superficiais do seu teatro, que poderiam aproximá-lo dos cultores do absurdo, como, por exemplo, o uso sistemático do *nonsense*. Isto é, contudo, facilitar demais, e a arte ocidental sempre se utilizou amplamente desse filão, e até artistas tradicionalmente vistos como "clássicos" dele se valeram com amplitude (veja-se a Renascença italiana).

A quase totalidade das referências, os numerosos artigos, apresentações em programas, depoimentos, apenas se limitaram a aceitar tal classificação, sem maiores averiguações. Alguns, como é por exemplo o caso de Maria Helena Kühner e de Décio Pignatari, a repetem sem um exame atento. Veja-se a frase de Décio Pignatari, que citamos anteriormente: "As analogias *não são difíceis* de ser localizadas". Ou seja, eles não estão preocupados em discutir o assunto, que não é o tema das obras das quais retiramos as frases exemplificativas.

Por outro lado, não vamos dizer que a obra qorposantense se enquadre totalmente na estética criada e defendida por Breton. Nela encontramos um sem número de elementos surrealistas e nos propomos localizá-los através de uma leitura que abordará pontos ainda pouco ou não tocados pelos interessados.

Ressalve-se, desde já, que Esslin estava plenamente consciente de que não existiria nenhuma "escola" que reunisse os autores do absurdo, ou seja, não havia normas ou princípios mais ou menos precisos que fossem por eles obedecidos. A própria palavra "absurdo", que significa estar em desarmonia com a razão e a propriedade, ser incongruente, irracional, ilógico, já afastaria qualquer tentativa de sistematização. Esslin foi claro:

... os dramaturgos cuja obra é aqui discutida não proclamam nem têm a consciência de pertencer a nenhuma escola ou movimento. Muito pelo contrário, cada um dos escritores em pauta é um indivíduo que se considera um escoteiro solitário, alijado e isolado em seu próprio mundo particular.

Ou seja, esses dramaturgos teriam em comum a preocupação de refletir as angústias, a desesperança, a sensação de vazio que parece dominar o homem contemporâneo, numa época de profunda crise espiritual, moral e social. Vem-nos à cabeça a segunda metade do século XVI, período que sempre perturbou os historiadores de arte, que hesitavam em classificar seus artistas: clássicos ou barrocos? Encontrou-se a fórmula salvadora: são maneiristas (termo, aliás, criado naquela época por Vasari). E são inúmeras as obras dadas à luz, estudando o fenômeno maneirista e colocando na camisa-de-força dessa classificação uma multidão de artistas que, por estarem mortos, não podem protestar contra a excessiva facilidade com que são rotulados. Muitos dos dramaturgos do absurdo, contudo, se manifestam indignados contra Esslin. Recordamo-nos do enfado, se não mesmo do azedume de Genet e Ionesco, quando estiveram no Brasil e foram entrevistados por apressados repórteres, desejosos de obter maiores detalhes sobre o assunto.

Um deles respondeu mais ou menos assim: Absurdo? Não sei, é melhor perguntar a Esslin. Que já fez um *mea culpa* numa introdução que escreveu para uma antologia denominada *Absurd Drama*, onde lamenta o excessivo uso e desgaste da expressão.

Qorpo-Santo parece-nos muito mais um surrealista, vale dizer não um precursor (novamente...) do surrealismo, movimento artístico surgido na primeira metade do século XX, mas um surrealista *tout court*, partindo da idéia de que o surrealismo seria uma visão do mundo que sempre existiu, independentemente de qualquer sistematização.

Foi Breton quem definiu o surrealismo como uma forma de "automatismo psíquico", ou seja, a obra criada "na ausência de qualquer preocupação estética ou moral". Seus argumentos partem não exatamente da negação da realidade, tal como ela se nos apresenta, mas vendo-a como apenas uma das "possibilidades" do visível. Dessa forma, a imaginação, o sonho, o delírio criariam realidades também legítimas. Donde a necessidade de se conciliar o perceptível e o representado, fazendo desaparecer a dualidade porventura existente.

A obra de Qorpo-Santo parece-nos, portanto, ser surrealista, uma vez que se vale o tempo inteiro do automatismo psíquico. Suas personagens são sempre projeção dele próprio, e com ele muitas vezes se confundem, como observamos pelo conhecimento de sua biografia. Inclusive, deixam a categoria de personagens e assumem um tom discursivo, lamentando as infelicidades e as injustiças sofridas pelo criador. Por outro lado, não tem preocupações estéticas. Suas lamúrias estão sempre a um nível existencial, ou melhor, individual. Sua obra visa satisfazer "uma necessidade interior que a expressão determina".

Impõe-se, portanto, uma conceituação do absurdo, na forma como foi proposta por Martin Esslin. Afinal, o *Teatro do Absurdo* tornou-se uma obra, por assim dizer, clássica no gênero, impedindo que ele se confunda com o teatro surrealista. Gérard Durozoi e Bernard Lecherbonnier, por exemplo, no ensaio *O Surrealismo*, salientam como características de um teatro surrealista:

uma total indiferença pelas técnicas especificamente dramáticas, (...) desprezo por tudo quanto é tradicionalmente considerado como teatral: coerência e continuidade dos diálogos, abordagem psicológica das personagens, verossimilhança e unidade de intriga, (...) a tônica posta sobre a derrisão, (...) a despreocupação quanto à representação.

Dessa forma, os dois autores misturam dramaturgos como Schéhadé, Ionesco, Vitrac, Arrabal, Breton etc. Já, por exemplo, Michel Corvin fala em *teatro da derrisão*, separando-o do *teatro poético* e do *teatro realista e político* (Adamov, Gatti, Cousin), mas unindo todos sob a epígrafe de Teatro de Vanguarda. É, portanto, de acordo com a conceituação de Esslin, repetimos, que recusaremos a Qorpo-Santo tal classificação. Mesmo porque insensatez não se confunde com absurdo, como ele bem salienta, pois há que distinguir "a visão de um poeta das divagações do doente mental".

A impossibilidade de aproximar o teatro de Qorpo-Santo e o teatro dito do absurdo não nos conduzirá a nova rotulação (em substituição à anterior) ou acadêmica classificação, mas visa apenas a libertar Qorpo-Santo de uma camisa-de-força (que em vida talvez achassem que ele mereceria...). Não nos agrada, sobretudo, a mania brasileira de sempre valorizar uma obra artística dentro de padrões estrangeiros. Está certo, fomos (ou somos) subsidiários de uma cultura européia, mas será realmente necessário assumi-la em todos os seus modismos? Flávio Aguiar – outra vez – é preciso:

> A obra de Qorpo-Santo renasica na crista de uma antiga tendência da cultura brasileira: o incontido desejo de que aqui e ali, no campo do futebol, na invenção do avião, no terreno das artes, "a Europa se curve ante o Brasil". Não era suficiente descobrir as peças de um bom dramaturgo; tratava-se de um Ionesco; a vanguarda européia estava no bolso do casaco.

2. ABSURDIDADE

No *Dictionary of Theatre*, encontramos no verbete

Absurdo, Teatro do. Termo aplicado a um grupo de dramaturgos dos anos 50, que não se consideravam como uma escola, mas que compartilhavam de certas atitudes em relação ao compromisso do homem face ao universo, essencialmente aquele sintetizado por Albert Camus, em seu ensaio *O Mito de Sísifo* (1942). Ele diagnostica a condição humana, numa existência fora de harmonia com tudo o que a cerca (absurdo, literalmente, quer dizer fora de harmonia). O conhecimento dessa ausência de finalidade em tudo que fazemos — Sísifo eternamente empurrando uma pedra para o alto do morro e sempre consciente de que nunca atingirá o cume — simboliza perfeitamente esse sentir e produz um estado de angústia metafísica, tema central dos escritores do Teatro do Absurdo, dos quais os mais notáveis são Samuel Beckett, Eugène Ionesco, Arthur Adamov, Jean Genet e Harold Pinter. O que distingue estes autores de outras figuras menores (Robert Pinget, N.F. Simpson, Edward Albee, Fernando Arrabal, Günter Grass) dos primeiros dramaturgos que refletiram uma preocupação semelhante em suas obras é que, no que os sucederam, as idéias moldam a forma, bem como o conteúdo. Qualquer imagem com construção lógica, ligando racionalmente idéia com idéia, num argumento intelectualmente viável, é abandonada, e dela é transferida para o palco apenas a irracionalidade da experiência. O procedimento tem suas vantagens e limitações. Muitos dos dramaturgos do absurdo encontraram dificuldade em sustentar uma peça com tempo de duração convencional, sem fazer algumas concessões: nas peças longas de Ionesco as alegorias tornaram-se cada vez mais transparentes; as de Beckett, mais concisas; as de Adamov abandonam o absurdo totalmente em favor do teatro épico brechtiano; as de Pinter encaminham-se para uma fusão do teatro do absurdo com a alta comédia. Na verdade, em torno de 1962, o movimento parecia perder a força, embora sua influência liberalizante no teatro convencional, continue a ser sentida.

Foi Martin Esslin, austríaco de nascimento, radicado há muitos anos na Inglaterra, quem criou a expressão "Teatro do Absurdo", sem dúvida um verdadeiro achado (*a catch-phrase*, como dizem os ingleses...), no seu livro dessa forma intitulado. Esslin deixa claro que mostrar ou denunciar o absurdo da nossa existência é um procedimento que se encontra em todo o teatro ocidental, desde o teatro grego. Shakespeare, aliás, sintetizou magistralmente esse estado de acabrunhamento, de dolorosa surpresa, de aplastamento pela aparente falta de significado da vida no seu famoso verso:

As flies to wanton boys, are we to the gods;
They kill us for their sport.
[Somos para os deuses o que as moscas são para os meninos:
matam-nos só por brincadeira].

O teatro do absurdo, contudo, decorre da certeza de nosso efêmero e da falta de sentido que teria, assim, a vida, donde nasce a angústia. O homem pode criar sucedâneos de Deus, como ocorreu na Europa de entre as duas guerras, na qual o fascismo, o nazismo, o comunismo, apresentaram-se como religiões substitutas. A Segunda Grande Guerra, entretanto, provou a fragilidade dos novos cultos.

Pode-se protestar, também, que o materialismo desses dramaturgos não é novidade. Blasfemadores e ateus sempre existiram. Contudo, mesmo esses acreditavam, de uma forma ou de outra, na existência de uma certa harmonia no universo, vale dizer, uma certa ordem universal que o presidiria e onde o homem se acharia colocado. Já os escritores do absurdo negam, conscientemente ou não, explícita ou implicitamente, esse equilíbrio cosmológico.

A nossa época, ao contrário, é a do ateísmo triste, do ateísmo que não se orgulha da sua falta de crença porque percebe que não há nada de particularmente alegre e confortador na idéia do homem desamparado, só, perante um universo igualmente absurdo, vazio de qualquer significação[1].

Num interessante estudo sobre o Absurdo, Hinchliffe, corroborando essa tese, explica que só pôde escrevê-lo partindo de um axioma: para que aquele exista (o absurdo), é preciso que Deus esteja morto e que não tenha sido substituído por qualquer forma de transcendência, de *Alter Ego* transcendente. A substituição eliminaria o sentimento de absurdidade e permitiria, inclusive, o aparecimento da Esperança. Desta forma, por exemplo, a dramática obra de Dostoiévski estaria eliminada desse universo de aridez e vácuo, típico dos "escritores absurdos", porque suas personagens acreditam — ou sentem — que é possível a transcendência:

> Considerei como axiomático que para existir a absurdidade Deus precisa estar morto e que, neste raciocínio, não deverá haver qualquer tentativa para substituí-lo por um *Alter Ego* Transcendente. Os escritores estabeleceram como a grande verdade algo que nos choca, por ser muito familiar, tais como o amor ou a amizade. Estas virtudes agora existem em um contexto sem Deus e o seu alcance torna-se mais difcil[2].

Mas se esta "absurdidade" foi sempre uma constante no teatro e na literatura, Esslin considera que, anteriormente a esses dramaturgos, ela foi abordada com as armas do pensamento lógico e racional como, por exemplo, o fizeram Sartre e Camus, ao filosofar sobre o assunto. Nesse "novo teatro" não se fala do absurdo, ele é mostrado ao espectador tal como é, ou seja o próprio significante (a presença do ator, as palavras, os gestos, os silêncios, enfim todos os signos que surgem no palco) traz em si o significado que pretende mostrar. Não é um discurso sobre alguma coisa, é a própria coisa referendada.

Assim sendo, o teatro do absurdo é um antiteatro, no sentido de que recusa, conscientemente, qualquer mecânica de uma peça tradicional: trama, caracterização psicológica das personagens, progressão da ação visando a atingir um clímax, e onde os espectadores se identificam com o que se passa em cena. Não há conflito, se entendermos conflitos como o choque de vontades li-

---

1. PRADO, Décio de Almeida. *Teatro em Progresso*. São Paulo, Martins Ed., 1964.

2. HINCHLIFFE, Arnold P. *The Absurd*. London, Methuen & Co. Ltd., 1969.

vres. É uma tentativa de "teatro puro", onde o palco não se transforma em tribuna ou central de correios enviando mensagens... Como diz Esslin:

> Sempre foi necessário que uma boa peça tivesse uma história habilmente construída, mas essas quase que não têm história nem enredo; a boa peça sempre foi julgada pela sutileza da caracterização ou da motivação, mas essas muitas vezes não têm personagens reconhecíveis e colocam diante do público quase que bonecos mecânicos; a boa peça sempre teve um tema inteiramente explicado, cuidadosamente apresentado e finalmente resolvido, mas essas muitas vezes não têm começo nem fim; a boa peça sempre foi um espelho da natureza a retratar as maneiras e trejeitos da época em quadros detalhadamente observados; mas essas muitas vezes parecem ser o reflexo de sonhos e pesadelos; a boa peça sempre dependeu de diálogo espirituoso e perspicaz, mas essas muitas vezes consistem em balbucios incoerentes.

Há, inclusive, uma total desintegração da linguagem que perde sua força denotativa e se transforma em mero veículo, de imagens concretas, tornando-se a mensagem o próprio meio, na acepção de McLuhan. É sintomático como as peças de Beckett se tornam cada vez menores e mais reticentes, cada vez mais balbuciantes e silenciosas, até que ele atinja o desnudamento integral de *Souffle*: num palco deserto, juncado de detritos, ouve-se um grito fraco e breve e, em seguida, o ruído de uma inspiração que cresce com a iluminação. A luz diminui com o ruído da expiração. Como o primeiro, um grito, fraco e breve. Escuridão. Com o desaparecimento dos atores, o palco se tornou, ele próprio, um símbolo.

Aliás, por falar em símbolo, parece-nos curioso ter Esslin silenciado sobre a profunda influência do simbolismo nesse tipo de teatro. Talvez porque teatro simbolista conote a idéia de "teatro literário" ou "teatro poético", com todas as implicações pejorativas dessas denominações. Anna Balakian, posteriormente a Esslin, reivindica para o teatro simbolista um lugar de precursor de todo o teatro de vanguarda atual. Que melhor local para o símbolo se desenvolver e se apresentar na sua plenitude do que no teatro? Inclusive, a preocupação com sinestesia, tão a gosto dos poetas simbolistas, pode se efetivar integralmente no palco, com os atores, a luz, os objetos, as falas e, sobretudo, os silêncios.

As personagens desse teatro são figuras humanas perdidas e humilhadas pela presença de forças ocultas e misteriosas, como no teatro do absurdo. Diz Maurice

Maeterlinck, no prefácio de uma edição em três volumes de seu teatro:

> Nele se manifestam enormes potências invisíveis e fatais, cujas intenções ninguém conhece mas que o espírito do drama supõe maléficas, vigiando todas as nossas ações, hostis ao sorriso, à vida, à paz, à felicidade. (...) Este desconhecido toma, as mais das vezes, os traços da morte. A presença infinita, tenebrosa, hipocritamente ativa da morte, preenche todos os interstícios do poema. Ao problema da existência responde apenas o enigma da sua aniquilação. (...) À sua volta há apenas seres frágeis e trêmulos (...) apenas gotas de luz, precárias e fortuitas, abandonadas sem finalidade aparente.

Tais palavras não ficariam mal a uma plataforma, se Beckett gostasse de teorizar... É curioso — permitimo-nos insistir no assunto — verificar que as três principais acusações feitas a esses textos simbolistas são exatamente as mesmas dirigidas aos textos "do absurdo", a saber:

1) não oferecem personagens concretas;
2) inexistência de conflito;
3) a falta de uma mensagem ideológica, ou seja, um teatro alienado, preocupado em mostrar as angústias particulares dos seus cultores, recusando a realidade que nos cerca e ignorando todos os problemas sociais existentes — e prementes.

Encerremos este apanhado com as palavras de um dramaturgo do absurdo, defendendo-se da última acusação:

> De minha parte, acredito sinceramente na pobreza dos pobres, deploro-a, sei que é real e pode servir de material para o teatro; também acredito nas graves responsabilidades e ansiedades que podem torturar os ricos. Mas não é nem da desgraça dos pobres, nem da infelicidade dos ricos que tiro substância para a minha obra dramática. Para mim, o teatro é a projeção, para o palco, do mundo interior... é nos meus sonhos, na minha angústia, em meus desejos sombrios, minhas contradições interiores, que me reservo o direito de encontrar a matéria de minhas peças. (...) meus sonhos e desejos, minhas angústias e minhas obsessões não pertencem só a mim, são parte da herança (...) que toda a humanidade pode reclamar para si.

E, como numa espécie de coda, não resistimos a dar razão a Ionesco. Afinal todos os artistas, quando são autênticos, sinceros, honestos consigo mesmos, fazem que seus depoimentos transcendam a uma simples exibição egocêntrica dos próprios problemas, transformando-os em problemas da condição humana. Um artista pode não abarcar com a sua obra o universo, mas esse lampejo será sempre uma evidência desse macrocosmo. Um documento que, revelando as imperfeições de quem o fez, denuncia a imperfeição maior do mundo.

3. SURREALISMO: O UNIVERSO VELADO

O Surrealismo decorre, sem dúvida, do Dadaísmo, um movimento anárquico, de curta duração, mas que influiu decisivamente em todas as manifestações subseqüentes do nosso século. Embora seus seguidores se classificassem como *dadaístas*, o Dadaísmo nunca teve princípios, nem é possível estabelecer qualquer analogia, seja na temática, seja na estrutura formal, entre os que o cultivaram.

Esses artistas sempre proclamaram que o único princípio que deveria orientá-los é justamente evitar qualquer tipo de sistematização, erigindo a liberdade e o descompromisso total com regras como palavra de ordem dos seus manifestos. Tristan Tzara, poeta romeno radicado em Paris, deixa bem claras essas idéias:

A magia de uma palavra – DADÁ – que colocou os jornalistas à porta de um mundo imprevisto não tem para nós nenhuma importância. (...) DADÁ NÃO SIGNIFICA NADA (...). Todo produto do nojo, suscetível de se converter em negação da família, é *Dadá*; protesto com todas as

33

forças do seu ser em ação destrutiva: DADÁ; conhecimento de todos os meios até agora rechaçados pelo sexo pudico do compromisso cômodo e da cortesia: DADÁ; abolição da lógica, danças dos impotentes da criação: DADÁ; de toda hierarquia e equação social instalada para valores por nossos lacaios: DADÁ; (...) abolição da memória: DADÁ; abolição da arqueologia: DADÁ; abolição dos profetas: DADÁ; abolição do futuro: DADÁ; (...) Liberdade: DADÁ DADÁ DADÁ, uivos das dores crispadas, entrelaçamento dos contrários e todas as contradições, dos grotescos, das inconseqüências: A VIDA[1].

Há neste longo manifesto, de que citamos o início e o fim, duas palavras-chave para a compreensão do movimento Dadá: *nojo* e *liberdade*. NOJO, por uma sociedade corrupta e hipócrita, que só se interessa pelo dinheiro e pelos privilégios de uma classe e que na verdade dá à arte e, por conseguinte, ao artista, uma posição decorativa. Ou seja, a arte deve estar a serviço desta sociedade, que lhe ditará as regras do jogo.

Desta forma, o Dadaísmo correspondeu a um estado de espírito de revolta, e se o movimento eclode em 1916, em Zurique, devidamente batizado, ele já existia há mais tempo, latente. Uma revolta não só contra a sociedade mas também contra o excessivo racionalismo da arte e da filosofia da época. A Guerra de 1914 teria vindo provar a inutilidade da Arte ou pelo menos da arte tal como havia sido proposta até então. A burguesia só se preocupava com o prevalecimento dos seus interesses econômicos e podia-se sem hesitação bombardear a Catedral de Chartres visando a vitória, numa guerra estúpida. Há, então, que pugnar pela destruição de tudo, dos valores estabelecidos que devem ser — racional e ferozmente (o advérbio é exato) — questionados:

> Basta de pintores, basta de literatos, basta de músicos, basta de escultores, basta de religiões, basta de republicanos, basta de monarquistas, basta de imperialistas, basta de anarquistas, basta de socialistas, basta de bolcheviques, basta de políticos, basta de proletários, basta de democratas, basta de exércitos, basta de polícia, basta de pátria, enfim, chega de todas essas imbecilidades, mais nada, nada, NADA, NADA, NADA[1b].

A segunda palavra-chave é LIBERDADE, porque o Dadaísmo quer a derrubada de todas as instituições (como se vê no Manifesto de Aragon, acima citado), para que nos seus escombros possam, todos que o desejarem, criar livremente, sem preocupações com "ismos".

1. TZARA, Tristan. *Siete Manifiestos DADA*. Barcelona, Tusquets Editor, 1972.

1b. NADEAU, M. *História do Surrealismo*, São Paulo, Perspectiva, 1985.

Esse movimento destruidor e anárquico se interessa pelas manifestações do subconsciente, influenciado pelas teorias psicanalíticas de Freud, do automatismo psíquico e, sobretudo, pelas artes ditas primitivas, pela arte patológica, pelas manifestações infantis, sem esquecer também, quer quisessem ou não, as inegáveis assimilações do Expressionismo, do Cubismo e do Futurismo.

O vocábulo *Dada*, afirma o poeta alemão Richard Huelsenbeck, nasceu por acaso, quando ele e outro compatriota, Hugo Ball, abriram um dicionário francês-alemão e os seus dedos caíram, sem intenção, nesta palavra que significa cavalinho-de-pau. Os dadaístas de Zurique se reuniam em ruidosas manifestações no Cabaré Literário Voltaire, onde se liam manifestos, promoviam-se representações, exibiam-se pinturas, fazia-se música. É sintomático que tais *happenings* (chamemo-los assim) se desenvolvessem em Zurique (deixando de lado o problema da guerra), cidade de ambiente provinciano e estreito, que poderia mais facilmente ser agredida do que Paris, por exemplo, sempre mais aberta a experiências de vanguarda. Hugo Ball, escrevendo sobre Dadá, no jornal *Die Fluch aus der Zeit*, declarava:

> O que estamos celebrando é ao mesmo tempo uma cena bufa e uma missa de réquiem... Como a falência das idéias destruiu o conceito de humanidade até o seu último reduto, os instintos e as infra-estruturas hereditárias estão agora emergindo patologicamente. Já que nenhuma arte, política ou fé religiosa parece adequada para represar esta torrente, restam-nos a blague e a pose ensangüentada[2].

Os dadaístas defendiam, portanto, a criação de uma antiarte, no sentido de que a palavra Arte designaria o que havia sido feito no passado. Ninguém encarnou mais eficazmente, ao longo de toda a vida, tal atitude do que Marcel Duchamp, por isto chamado por Octavio Paz de *O Castelo da Pureza*, no sentido de que nunca se tomou integralmente a sério: a finalidade da atividade artística seria não a obra, mas a liberdade. Aliás, foi Duchamp quem, após a guerra, "levou" o Dadaísmo aos Estados Unidos, onde fez furor, enquanto o movimento se espalhava por toda a Europa.

Em 1921, ele chegava ao seu termo, com as dissensões entre os alemães, chefiados por Tzara, e os france-

---

2. ADES, Dawn. *O Dada e o Surrealismo*. Barcelona, Ed. Labor, 1976.

ses, por Breton. Foi Breton, aliás, quem montou, em 13 de maio de 1921, um famoso "processo" contra o escritor e patriota Maurice Barrès, que acabou se transformando, na verdade, em um processo do Dadaísmo: "Dadá podia ser criminoso, covarde, assaltante ou ladrão, tudo, menos juiz". Realmente, era irônico que os antigos revolucionários, defensores a todo custo da total liberdade na criação artística, se arvorassem em denunciadores e viessem exigir prestações de conta de um artista.

Por outro lado, é inegável que o excesso de niilismo do movimento já levava em si o germe da destruição e o conduzia a um impasse. Porque os dadaístas não se propunham absolutamente nada, e as suas criações objetivavam rigorosamente nada representar, ou, empregando uma expressão em moda, visavam desmistificar qualquer tipo de criação. Tzara reivindicava a "idiotice pura". Ora, academismo e falta de objetivo são coisas diversas mas que, curiosamente, podem conduzir ao mesmo caminho: o esgotamento da atividade criadora.

André Breton, nas entrevistas radiofônicas que teve com André Parinaud e transmitidas pela Radiodifusão Francesa, de março a junho de 1952, posteriormente publicadas, refere-se, com evidente desfastio, senão mesmo encoberto desprezo, a sua participação nas atividades dadá, referindo-se aos "pobres truques de pelotiqueiros que deviam usar (os dadaístas) para satisfazer ao público", ao "desinteresse e aborrecimento" que provocavam, já que "se estereotipavam e se ancilosavam", classificando-as até de "tolices".

Deixando de lado, porém, os desentendimentos de Breton com Tzara, o Surrealismo tem uma grande dívida com o Dadaísmo, da mesma forma que este, como mencionamos, teve uma dívida com o Expressionismo, o Cubismo e o Futurismo. Michel Sanouillet chegou a afirmar: "o Surrealismo foi a forma francesa de Dadá". Digamos, simplificando bastante, que o Surrealismo procurou dar objetivos à insensatez do Dadaísmo, que "parecia abrir as portas de par em par mas (...) descobrimos que essas portas davam para um corredor que girava sobre si mesmo"[3].

3. BRETON, André. *El Surrealismo, Punto de Vista y Manifestaciones*. Barcelona, Barral Ed., 1972.

A estética do Surrealismo está condensada no manifesto escrito e publicado em Paris, em 1924, por André Breton, onde ele afirma:

> Surrealismo, s. m. Automatismo psíquico pelo qual alguém se propõe exprimir, seja verbalmente, seja por escrito, seja de qualquer outra maneira, o funcionamento real do pensamento. Ditado do pensamento, na ausência de todo o controle exercido pela razão, fora de qualquer preocupação estética ou moral. Encicl. Filos. O Surrealismo assenta na crença da realidade de certas formas de associação negligenciadas até aqui, no sonho todo-poderoso, no jogo desinteressado do pensamento. Tende a arruinar definitivamente todos os outros mecanismos psicológicos e a substituir-se a eles na solução dos principais problemas da vida[4].

Em todos esses movimentos estéticos do fim do século XIX e começo do XX encontramos como tônica a investida contra o real, melhor dizendo, contra uma falsa noção de realidade nascida do racionalismo, de que só o que se nos apresenta aos olhos, clara e nitidamente, teria validade como percepção. Assim, quando Breton fala em *funcionamento real do pensamento*, ele vem também colocar em xeque não só a noção de realidade como a própria realidade, tal como se apresentava até então. Existiria, portanto, uma realidade oculta em todos os seres e coisas, que seria mais autêntica e válida do que aquela perceptível apenas pelo raciocínio lógico. Esta, aliás, é extremamente inautêntica, não passando, em grande número de casos, de máscaras sociais, destinadas a acobertar verdades bem mais profundas:

> O supra-real não é o sobrenatural, princípio religioso, transcendente. O supra-real é um princípio imanente. Não se deixa reduzir ao irreal e não se opõe portanto ao real. Distingue-se, contudo, daquilo que comumente é chamado real, porque o mostra sob um aspecto completamente novo. Une nele, com efeito, todas as formas do real[5].

O Surrealismo se propõe a realizar a criação estética sem a intervenção da lógica convencional, apoiando-se, sobretudo, em três técnicas: automatismo psíquico, sonhos e experiências de hipnose. Assim sendo, a obra de arte seria composta pela libertação de nossa consciência dos recalques ou sublimações do inconsciente, tomando como base a teoria tripartida da mente, um dos conceitos fundamentais da psicanálise freudiana.

---

4. TELES, Gilberto Mendonça. *Vanguarda Européia e Modernismo Brasileiro*. Petrópolis, Ed. Vozes, 1972.

5. *Idem*.

Simplificando bastante, a estrutura tripartida da mente seria aquela composta pelo *id*, onde os impulsos instintivos buscam satisfação imediata; o *ego*, que lida com o mundo real, mediador entre o *id* e o mundo externo; e o *superego*, uma parte especial do *ego*, que contém as normas sociais adquiridas. A função básica do *ego* seria conciliar as exigências do *id*, do *superego* e da realidade externa ou, esclarecendo melhor, o *ego* procura satisfazer as exigências do *id*, conciliando-as com os padrões do *superego*.

Se a explicação acima pode parecer um pouco simplista, é preciso deixar claro que os surrealistas também o foram e a dívida para com Freud foi por eles exagerada. O próprio Freud tomou, é claro, conhecimento dos propósitos e das teorias surrealistas, mas parece que as encarava com fundas desconfianças, já que, ao elaborar sua teoria psicanalítica, visava *curar* os pacientes. Esta palavra *curar* provocaria arrepios nesses artistas e o próprio Aragon considerava Freud "um burguês reacionário". Recordamo-nos de um encontro em que Freud declarou a Dalí que se interessava mais pelo consciente dos seus quadros do que pelo subconsciente...

O Surrealismo, tal como o Dadaísmo, veio valorizar (ainda mais) as artes primitivas, a arte patológica, a arte infantil e, sobretudo, a obra de grandes artistas do passado, sobretudo Hyeronymus Bosch, o genial pintor flamengo, que viveu nos fins do século XV e foi o grande herdeiro de todo o patrimônio fantástico da Idade Média. Bosch criou o universo mais alucinado e paroxístico de toda a história da arte, um universo onde tudo se corrompe, se critica e se perverte sem cessar. Um universo que se transforma numa imensa paródia da obra do Criador, onde nada tem um aspecto "real"; ao contrário, essa realidade é inteiramente falsa, um referencial apenas de outra mais autêntica. É um significante cujo plano de significação não está denotado jamais em nenhuma de suas mentirosas aparências.

Um monge espanhol do século XVII com muita acuidade já dizia da obra de Bosch:

A diferença que existe, no meu modo e ver, entre as pinturas desse homem e as dos outros consiste em que os outros procuram pintar os homens tais como aparecem exteriormente, mas ele tem a audácia de pintá-los tais como são no interior[6].

6. ROY, Claude. *Arts Fantastiques*. Paris, Drager Frères, 1965.

Bosch é, aliás, um dos nomes mais representativos de todo um ramo da arte que desde tempos imemoriais se preocupa com o fantástico, definindo-se o fantástico como uma "ruptura com a ordem natural, com o desenvolvimento lógico dos fatos, ou com os nossos hábitos"[7].

Podemos dizer, então, que se o Surrealismo foi uma escola artística que nasceu por obra de Breton, em 1924, é, mais que tudo, uma atitude do homem perante o mundo, uma crença na existência de verdades que, por não serem claramente visíveis, nem por isso se tornam menos autênticas. Um re-conhecimento do universo, digamos assim. O próprio Breton, no final de sua vida, afirmava que "o Surrealismo existia antes de mim e tenho esperança que me sobreviva". As duas assertivas são verdadeiras e pela última acreditamos que não terá a temer: existirá sempre.

E é preciso tocar, neste ponto, no grande problema desta "escola", a maior crítica que se lhe faz: no fundo o Surrealismo propõe uma *racionalização do irracional*, tentando substituir a anarquia dadaísta, que também preconizava o automatismo psíquico, por algo mais construtivo. Os inimigos do Surrealismo censuram acremente o pedantismo, a rigidez e o dogmatismo desses artistas que, a pretexto de revelarem a sua vida interior e o desenvolvimento das suas mentes, ficam presos a fórmulas e a um verdadeiro "dicionário" de atitudes e postulações. Fugindo a valores que consideravam adulterados (falso conceito de realidade), vão criar modismos e se prender a eles, tais como o imprevisto e a "audácia" de associações díspares, aproximando coisas sem nexo ou aparentemente absurdas. Alejo Carpentier, concisamente, criticou esse impasse surrealista:

> O maravilhoso obtido com truques de prestidigitação, reunindo objetos que não costumam encontrar-se: a velha e falsa história do guarda-chuva e da máquina de costura sobre uma mesa de dissecação, geradar das colheres de arminho, os caracóis em um táxi chuvoso, a cabeça de leão na pélvis de uma viúva, das exposições surrealistas. (...) Mas, à força de querer suscitar o maravilhoso a todo custo os taumaturgos se fazem burocratas. (...) E hoje existem códigos do fantástico, baseados no princípio do burro devorado por um figo, proposto pelos *Cantos de Maldoror*, como suprema inversão da realidade, a quem devemos muitos meninos "ameaçados por rouxinóis", ou "cavalos devorando pássaros", de André Mas-

---

7. *Idem.*

son. (...) Diante da desconcertante pobreza imaginativa de um Tanguy, por exemplo, que desde há 25 anos pinta as mesmas larvas pétreas, debaixo do mesmo céu cinzento, me dá vontade de repetir uma frase que enchia de orgulho os surrealistas da primeira geração: *Vous qui ne voyez pas, pensez à ceux qui voient*[8].

É o que nos enche de admiração por Bosch, por exemplo. Ele não sabia que era surrealista, não estava interessado em prestar depoimentos sobre suas visões mentais, apenas *via*. Tal será também o surrealismo do nosso Qorpo-Santo: ele provavelmente ficaria chocado se lhe dissessem que o que escrevia era testemunho não do que referendava, mas de algo muito mais profundo que ele até, conscientemente ou não, tentava esconder. Aliás, são suas palavras: "Tudo fala na Natureza para quem tem ouvidos".

8. CARPENTIER, Alejo. *El Reino de este Mundo*. Santiago, Ed. Orbe, 1972.

4. QORPO-SANTO: ITINERÁRIO DA SOLIDÃO

A bibliografia sobre o autor gaúcho é ainda pequena. O próprio Guilhermino Cesar que, posteriormente, muito se debruça sobre a sua obra, na *História da Literatura no Rio Grande do Sul* dedica-lhe apenas um parágrafo no capítulo XIV – "A Literatura Dramática", parágrafo altamente elogioso, mas que é omisso em comentários específicos sobre suas peças (ao contrário do que faz com os demais autores do período), das quais sequer cita os títulos. Transcrevamo-lo:

> Houve, porém, um gaúcho que ultrapassou por completo as acanhadas medidas provincianas. Perseguido pela loucura, não foi para a sociedade do século XIX senão um extravagante e risível mestre-escola. Referimo-nos a José Joaquim de Campos Leão Qorpo-Santo (Triunfo, 1829 – Porto Alegre, 1883). Reformador da ortografia, editor de si mesmo, Qorpo-Santo fez alguns versos medíocres, mas escreveu duas dezenas de comédias revolucionárias – na temática, na linguagem, na crítica social implacável, nos achados de carpintaria. É, com toda a certeza, o criador do "teatro do absurdo"; veio muito antes de um Jarry e de um Vian, precedeu Ionesco na ousadia das soluções. Não conhecemos, em língua portu-

41

guesa, ninguém que se lhe compare. Embora muitas vezes não chega a ser congruente, a ação que imagina em termos de aliciante inventiva, deixa entrever uma concepção que será atual em qualquer época. Escrevia de um jato, numa vertigem insopitável. Foi menos um escritor "bem pensante" do que um criador extraordinário, desmedido e pessoal. – Numa pausa lúcida, consentida pela doença mental de que sofria, Qorpo-Santo nos deixou algo que representa uma das contribuições mais originais que o Brasil pode oferecer ao teatro do Ocidente.

Isto em 1955/1956. Em 1969, o mesmo crítico reconhece:

Direi apenas que ao escrever a *História da Literatura do Rio Grande do Sul*, aparecida em 1956, nada encontrei da autoria de Qorpo-Santo nas bibliotecas e arquivos do país, apesar das muitas buscas realizadas.

Nesta segunda obra, Guilhermino Cesar, além de fixar e anotar o texto de nove das suas peças, esboça um estudo crítico e reproduz trechos autobiográficos extraídos da *Ensiqlopedia ou Seis Meses de uma Enfermidade* (uma espécie de suma do pensamento do dramaturgo), inclusive cópias de laudos médicos a respeito da sua sanidade mental (também dados a conhecer por ele próprio na referida *Ensiqlopedia*), e trechos diversos, onde aborda desde o problema da reforma ortográfica da nossa língua (ele se preocupava em tornar o português mais fonético, eliminando letras inúteis e introduzindo curiosas alterações. Assim, por exemplo, o *c* seria suprimido sempre que soasse como *s* ou *q*, substituído, então, por essas letras) com proposições bem pertinentes e revolucionárias, sobretudo para a época (terceiro quartel do século XIX), até ética jornalística.

Também Flávio Aguiar, em *Os Homens Precários – Inovação e Convenção na Obra de Qorpo-Santo*, comenta na parte I – *Qorpo-Santo Redevorado* – a biografia e, sobretudo, a fortuna crítica do autor, após a sua morte, em 1883, a que se seguiu um quase total silêncio. Esse ostracismo começou a ser rompido com o assombro que se apoderou do público, diante de suas ousadias, na noite de 26 de agosto de 1966, quando foram encenadas três das suas comédias, no palco do Clube da Cultura de Porto Alegre: *Mateus e Mateusa, Eu Sou Vida; Eu Não Sou Morte* e *As Relações Naturais*. Flávio dá ênfase a uma montagem de *As Relações Naturais* feita em 1968, no Rio de Janeiro, sob a direção de Luiz Carlos Maciel, famosa, entre outros títulos, por problemas que teve com a Censura Federal (que proibiu a montagem) e, sobretudo, por uma polêmica entre o diretor do espetáculo e o lúcido crítico do *Jornal do Brasil*, Yan Michalski, um acusado de enlouquecer ainda mais os anárquicos textos do dramaturgo gaúcho, outro, acusado de esteticismo, "sacralizando" em demasia esses textos, vendo-os, digamos assim, como manifestações de loucura, que deviam ser piedosamente respeitadas. Tais debates tiveram a virtude de chamar a atenção da nossa distraída *intelligentsia* para o dramaturgo que, volta e meia, ainda suscita controvérsias. Esse mesmo ano de 1968 foi chamado por muitos "o ano do Qorpo-Santo", eis que foram montados no Rio de Janeiro três textos — *As Relações Naturais, Eu Sou Vida; Eu Não Sou Morte, Mateus e Mateusa* — com enorme sucesso e grande repercussão na imprensa. As discussões se tornaram mais acaloradas quando a Censura Federal decidiu proibir a montagem de *As Relações Naturais* (a montagem, não a peça, defenderam-se os censores). Avolumaram-se os debates e os depoimentos, terminando o ano com a encenação de outras peças do dramaturgo, no Teatro Leopoldina, em Porto Alegre.

De tudo o que dissemos, infere-se ser desnecessário nos alongarmos na biografia do dramaturgo; caso contrário, estaríamos apenas repetindo o que se encontra nas duas obras anteriormente citadas: a de Guilhermino Cesar e a de Flávio Aguiar. Seremos concisos, portanto.

José Joaquim de Campos Leão, mais tarde Qorpo-Santo, nasceu em 19 de abril de 1829, na Vila do Triunfo, Província de São Pedro do Rio Grande. Com a morte do pai, em 1839, foi estudar em Porto Alegre, tornando-se, em 1851, professor público na Vila de Santo Antônio da Patrulha e, posteriormente, em Alegrete e Porto Alegre. Casou-se com dona Inácia Maria, com quem teve três filhas: Idalina Carlota, Lídia Marfisa e Plínia Manuela, e um filho, Tales José. No seu próprio dizer, foi vítima de "atos violentos" em julho de 1862, ou seja, começa o processo de sua interdição por moléstia mental. Entre 1864 e 1868 esteve às voltas com a Justiça e ele próprio se encarregou de nos deixar cópias de documentos e pareceres sobre a sua instabilidade mental. Já estava separado da família, quando, em 1868, o Juiz de Órfãos e Ausentes (o que corresponderia ao atual Juiz da Vara da Família e Sucessões) declarou-o interdito, incapaz, portanto, de gerir a sua pessoa, os seus bens e a sua família, condição em que morreu aos cinqüenta e quatro anos de idade, em 1º de maio de 1883, em Porto Alegre, vítima de tuberculose pulmonar. A maior parte da sua febril atividade parece ter se desenvolvido após o aparecimento dos sintomas de perturbação mental. Foi ele mesmo quem escolheu o seu apelido, conforme nos explica no volume II, p. 16, da sua *Ensiqlopedia*:

> se a palavra corpo santo (ainda com C) foi-me infiltrada em tempo que vivi completamente separado do mundo das mulheres, posteriormente, pelo uso da mesma palavra hei sido impelido para esse mundo.

Ou seja, Qorpo-Santo se acreditava designatário de uma missão divina no mundo, o que explica o caráter muitas vezes messiânico de alguns dos seus escritos e de suas perorações. Essas datas e informações acima transcritas podem ser encontradas mais minuciosamente na *Ensiqlopedia*, a grande obra de Qorpo-Santo, súmula do seu pensamento e das suas idéias, cujo título geral é *Ensiqlopedia ou Seis Meses de Uma Enfermidade*, terminada de imprimir na própria oficina tipográfica do autor, em 1877, composta de nove volumes, dos quais nos chegaram os volumes I, II, IV, VII, VIII e IX. Nela se amontoam poemas, obras teatrais, reflexões sobre política, sobre moral, sobre religião, revisões dos Evangelhos, sugestões sobre reforma ortográfica, inclusive da língua alemã (!), onde proposições de reformas sociais estão ao lado de anúncios e bilhetes, compondo uma vasta, fragmentária e caótica visão do mundo, onde o autor não tem a mínima preocupação de hierarquizar quaisquer assuntos, amontoando-os atabalhoada e, numerosas vezes, divertidamente, embora se possa pensar que esta não seria sua intenção. Tal procedimento, aliás, é bem "moderno", no sentido de consentâneo com o pensar atual: não existem matérias "importantes" ou "nobres" que se impõem, em detrimento de outras mais ligeiras ou fúteis. Não é à toa que ele declara:

> Talvez me haja algo escapado, mas penso sobre tudo haver falado.

O objeto do nosso trabalho serão as comédias que nos chegaram intactas, o que não nos impedirá de socorrermo-nos, sempre que for necessário, dos demais volumes da *Ensiqlopedia*. A obra teatral está no volume IV e consta de dezessete peças, de uma das quais – *Uma Pitada de Rapé* – resta uma página. Todas compostas no ano de 1866, numa rapidez extraordinária. Cronologicamente – o autor se preocupou em datá-las – são elas:

1 – *O Hóspede Atrevido ou O Brilhante Escondido* – 31.01.
2 – *A Impossibilidade da Santificação ou A Santificação Transformada* – 12.02.
3 – *O Marinheiro Escritor* – 16.02.
4 – *Dous Irmãos* – 24.02.
5 – *Duas Páginas em Branco* – 05.05.
6 – *Mateus e Mateusa* – 12.05.
7 – *As Relações Naturais* – 14.05.
8 – *Hoje Eu Sou Um; e Amanhã Outro* – 15.05.
9 – *Eu Sou Vida; Eu Não Sou Morte* – 16.05.
10 – *A Separação de Dous Esposos* – 18.05.
11 – *O Marido Extremoso ou O Pai Cuidadoso* – 24.05.
12 – *Um Credor da Fazenda Nacional* – 26 e 27.05.
13 – *Um Assovio* – 06.06.
14 – *Certa Entidade em Busca de Outra* – 10.06.
15 – *Lanterna de Fogo* – 10.06.
16 – *Um Parto* – 16.06.
17 – *Uma Pitada de Rapé* – sem data e incompleta, só restando uma página.

Um contemporâneo de Qorpo-Santo, Aquiles Porto Alegre, deixou-nos um retrato tocante e, do ponto de vista humano, altamente positivo do dramaturgo:

Era alto, magro, moreno, de uma palidez de morte. Usava a cabeleira comprida, como os velhos artistas da Renascença. Trajava calças brancas, sobrecasaca preta, toda abotoada como uma farda, bengala grossa para afugentar os cães, e chapéu alto, de seda lustroso. Andava sempre, na rua, apressado como se fosse tirar o pai da forca. Fora muitos anos mestre-escola da roça, mas com certo preparo não vulgar que o punha em destaque. Tomou muito ao sério as suas obrigações, cumprindo religiosamente os seus deveres. Por onde andou, deixou bom nome pela sua conduta irrepreensível, não só na vida íntima, como no cargo que exercia. Nos últimos anos já não regulava com acerto. Deu-lhe a mania de fazer versos de pé quebrado e sem nexo. (...) Era todo metido a aparecer nos jornais ainda mesmo que a colaboração custasse dinheiro. O que queria era ver o seu nome em letra de fôrma. Era uma mania como outra qualquer. (...) Os que conheceram de perto o Qorpo-Santo, desde o tempo em que regia uma sala pública, falam dele nos melhores termos, não só quanto a sua competência como velho mestre, mas também quanto aos seus sentimentos. Não tinha rasgos de generosidade, porque não os podia ter, mas servia sempre os pequenos nos seus apuros, procurando ocultar a todos os benefícios que fazia. Era simples, modesto e bom, buscando espalhar o bem ao redor de si, sem alarde. Quando a luz da razão se apagou no seu cérebro, tornou-se então tristonho, taciturno, fugindo da convivência dos mais. Sentia-se bem só, na solidão, a fumar o seu cigarro de palha com fumo crioulo. E passava, assim, horas e horas, completamente estranho a tudo que o cercava, na indiferença da sua desgraça[1].

1. PORTO ALEGRE, Aquiles. *À Sombra das Árvores*. Porto Alegre, Livraria Selbach – J. R. da Fonseca & Cia. 1923.

II. A ESTRUTURA PERDIDA

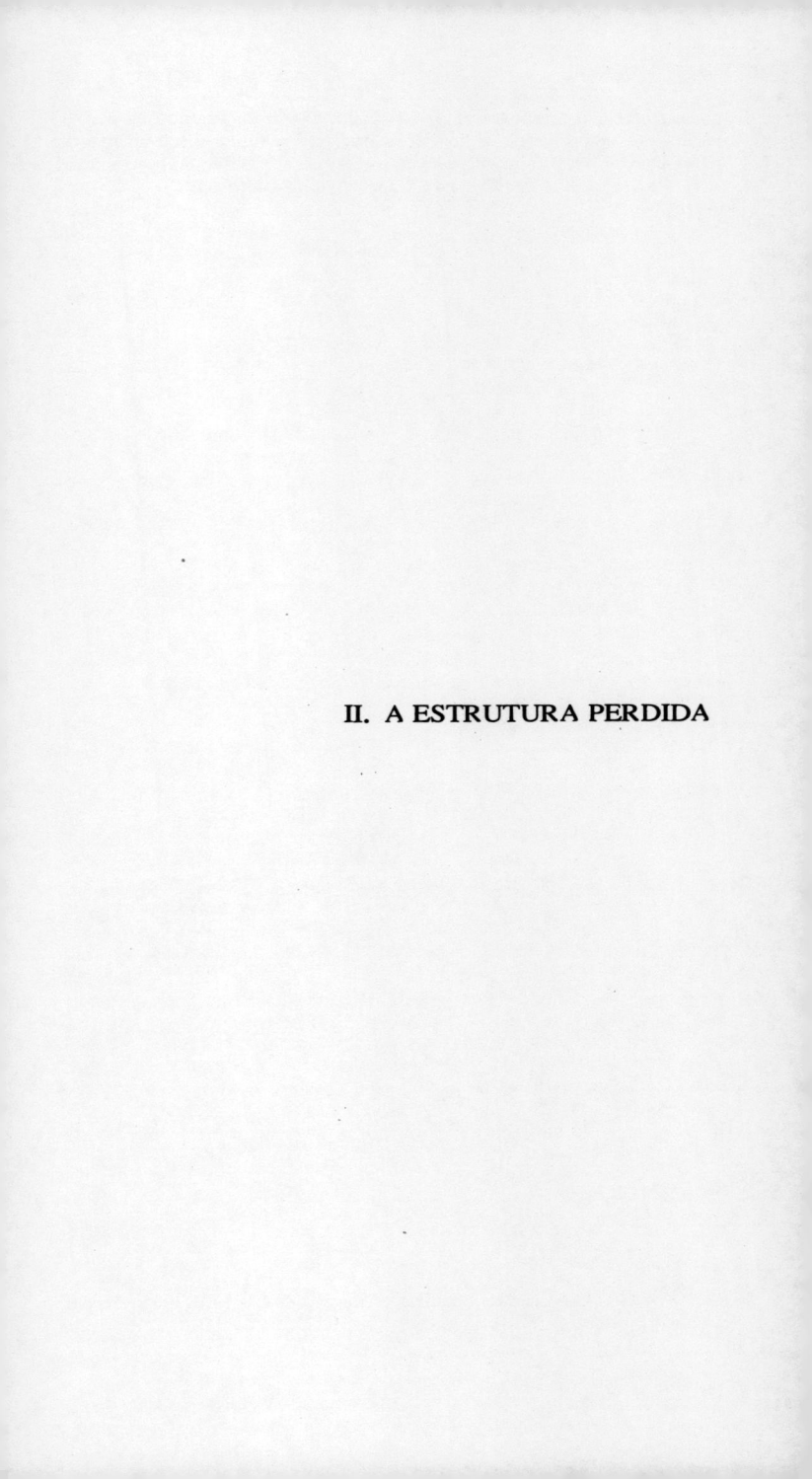

5. ABORDAGENS SEMIOLÓGICAS

Antes de analisarmos a estrutura – vale dizer, a carpintaria teatral – das peças de Qorpo-Santo, parece-nos imprescindível fazer algumas considerações sobre a possibilidade de estudar o objeto artístico desse ponto de vista. Neste século, temos visto um desenvolvimento surpreendente da semiologia, a ciência que se preocupa com o estudo dos repertórios de signos ou códigos, procurando defini-los e classificá-los. É um vocábulo mais antigo do que se pensa e se aplicava no passado à arte militar (manobrar tropas com sinais) e à medicina (o estudo dos sintomas de uma moléstia).

Mas ela começa a ganhar o sentido atual por obra do filósofo norte-americano Charles Sanders Peirce (1839-1914), cujos adeptos preferem a denominação *semiótica*, e do lingüista suíço Ferdinand de Saussure (1857-1914), que trouxeram o problema para o campo das ciências humanas, sobretudo a lingüística, a semântica e a teoria da comunicação. No terreno artístico, entretanto, somente a literatura privilegiou-se de tais estudos, talvez, inclusive, por estar mais próxima da lingüística. Quanto aos demais campos da arte, ou pouco foram abordados ou o foram com muita discrição. Entretanto, já em 1934, Mukarovský advertia que

Só o ponto de vista semiológico permitirá aos teóricos reconhecer a existência autônoma e o dinamismo essencial da estrutura artística, e entender assim a evolução como um movimento imanente, ainda que em relação dialética constante com a evolução dos demais terrenos da cultura[1].

É o que aconteceu no campo especificamente teatral. O que parece ter assustado os interessados nesse tipo de abordagem é a extrema complexidade dessa linguagem, já que a teatralidade é "uma espessura de signos". O problema crucial seria a posição perante essa "espessura": os signos se prestariam mais a uma leitura vertical (como se combinam nos diversos momentos da peça) ou horizontal (como se sucedem, sintagmatizando-se)? De qualquer forma, ainda timidamente (em relação à literatura), começam a surgir estudos sobre a estrutura do fenômeno teatral, cuja maior dificuldade parece ser a utilização que faz o teatro de numerosos códigos artísticos, relacionando-os de maneira muito específica. Deixemos claro não ser o teatro uma "mistura" de diversas artes, mas uma síntese de seus elementos.

Essa pesquisa tem-se feito sobre o texto teatral, embora, por questão de bom senso, deveria se efetuar sobre uma montagem determinada, já que teatro só se completa quando da sua efetivação em um palco. Caso contrário, será apenas uma possibilidade, um devir. O que importa é que esses estudos se debruçam sobre a estrutura cênica de uma peça ao nível de "texto" e não de "montagem". Escolheremos, entre eles, o que nos parece mais apropriado para estudar a obra do dramaturgo gaúcho.

Étienne Souriau pode ser considerado um desbravador com o extraordinário *Les Deux Cent Mille Situations Dramatiques*[2] em que detecta seis funções dramá-

1. INGARDEN, R. *et alii. O Signo Teatral*. Porto Alegre, Ed. Globo, 1977.

2. SOURIAU, Étienne. *Les Deux Cent Mille Situations Dramatiques*. Paris, Flammarion, 1970.

ticas principais, cujo relacionamento provocará o surgimento das 200 mil situações do título (aliás, 200.141 que, por questão de eufonia, foram arredondadas). Em linhas gerais, Souriau se preocupa, antes de tudo, em definir o que seria uma "situação dramática": "uma figura estrutural, desenhada num dado momento da ação, por um sistema de forças encarnadas nas personagens". Essas forças seriam as funções dramáticas, em números de seis, a saber:

a) *LEÃO*, ♌, a força temática. É a personagem cuja vontade é dominante, encarnando a situação dramática e sendo o foco do microcosmo teatral (Antígona, Hamlet, Blanche du Bois). Ela poderá até não ser a heroína do drama ou mesmo não ser uma personagem simpática, mas será sempre a geradora da tensão dramática.

b) *SOL*, ☉ , o representante do bem desejado ou do mal temido pelo Leão. Esse bem não é necessariamente investido nalguma personagem. Antígona deseja prestar homenagens fúnebres ao irmão Polinice, Hamlet quer vingança, Blanche procura reencontrar a dignidade perdida.

c) *TERRA*, ♁ , o receptor ocasional desse bem. Uma função nem sempre essencial.

d) *MARTE*, ♂ , o antagonista, que se opõe ao Leão. Não há drama sem obstáculo (e nenhum dos numerosos teóricos do nosso século conseguiu desmentir o fato) e Marte tanto pode ser um verdadeiro antagonista como um representante do obstáculo. É Creonte, é Cláudio/Gertrude, é Kowalski.

e) *BALANÇA*, ♎ , o árbitro da situação, o atribuidor do bem. O juiz, digamos assim. Se esta função se encarna diretamente em alguma personagem, temos um engrandecimento da força dramatúrgica; contudo, ele pode permanecer como força atmosférica e macrocósmica, sem se investir exatamente em nenhuma personagem.

f) *LUA*, ☾ , o adjuvante, o colaborador. São personagens que não são antagonistas diretas, são satélites do Leão ou de Marte, co-interessadas ou mesmo cúmplices, agindo dentro de um esquema de forças já traçadas e reforçando o microcosmo.

Claro está que uma *situação dramática* deve ser entendida como uma *situação teatral*, não importando se cômica ou dramática. Não haveria, pois, uma situação cômica em si. Qualquer situação comporta uma "dimensão dramática", dependendo do ponto de vista, da ótica em que se vai examiná-la.

Souriau acha que a situação dramática inicial sempre parte de duas paixões-chave: o *desejo* de que se realize alguma coisa ou o *medo* de que se efetive algo que trará prejuízos. Adiante verificaremos como esse desejo e esse medo andam *pari passu* na obra qorposantense, gerando essa tensão insuportável, subjacente a todo o seu teatro, objetivo essencial da obra que se possa chamar surrealista.

As funções dramáticas de forma alguma se confundem com as personagens que vão encarná-las, com exceção de *Leão* e *Marte*. Caso contrário elas se tornariam títeres ou muito empobrecidas. A situação dramática, por sua vez, geraria a *ação dramática*, entendendo-se esta expressão sempre com o sentido de *transformação* e não de *atividade*. Algumas das peças de Qorpo-Santo têm, por exemplo, muita *atividade* (correrias, perseguições), mas falta-lhes *ação*, ou seja, não há modificações visíveis na configuração do sistema de forças.

Souriau conseguiu formular realmente uma verdadeira *álgebra do drama*, estabelecendo uma legítima combinatória de elementos. Sua aplicação poderá mostrar a força ou a fraqueza da textura dramática, revelando, por fim, qual o trabalho estético desenvolvido pelo dramaturgo.

O próprio autor – Paul Ginestier –, procurando criar o que ele chama de *geometria dramática*, reconheceu na introdução de sua obra – *Le Théâtre Contemporain dans le Monde*, a sua dívida com os estudos de Souriau, chamando-o de "meu mestre"[3]. Em termos gerais, objetiva estabelecer relações entre as personagens, obtendo, então, geometrias *abertas, fechadas* e *semi-abertas*.

As primeiras (*geometrias abertas*) se dividiriam em duas espécies: *situações em linha reta* (onde desde o início da peça já se percebe o desenlace) e *situações em paralelo*, "cuja estrutura arquitetônica é de nunca se

---

3. GINESTIER, Paul. *Le Théâtre Contemporain dans le Monde*. Paris, P.U.F., 1964.

encontrar". Esse paralelismo se efetuaria ou no tempo, ou pela repetição do mesmo acontecimento, afetando as mesmas personagens, ou pelo seu desdobramento, com os mesmos gestos e as mesmas palavras. Um bom exemplo de paralelismo nos parece ser Lear e Gloucester, às voltas com problemas filiais. Também em *A Separação de Dois Esposos*, texto de Qorpo-Santo onde os conflitos de Esculápio e Farmácia, o casal, se repetem nos empregados homossexuais, Tamanduá e Tatu, envolvendo o título, ambiguamente, a mesma problemática.

As geometrias fechadas compreenderiam os sistemas de relações triangulares, quadrangulares e de diagonalização. As *triangulares* envolvem marido, mulher e amante (dele ou dela). Assim, por exemplo, Linda, Lindo e o rapaz, de *Eu Sou Vida; Eu Não Sou Morte*. Ressalve-se ser essa dramaturgia em triângulo um prato forte de boa parte do teatro burguês da França... Nas *quadrangulares*, encontramos um casal apaixonado pela respectiva parte contrária de outro casal. Ginestier acha que essas situações em quadrado têm o problema de deixar vazio o seu centro geométrico. A *diagonalização* tenta corrigi-la, colocando mais uma personagem que altera o relacionamento, seja de amor, seja de amizade, entre os dois casais.

As situações em *geometrias semi-abertas* se colocam como intermediárias: não são exatamente fechadas e, por outro lado, são menos abertas do que aquelas ditas paralelas. Nesse tipo distinguem-se as *geometrias em leque* (onde uma personagem é o pivô arquitetônico: uma mulher e três homens ou um homem e três mulheres) e as combinações de duas geometrias estabelecidas precedentemente (geometrias fechadas), como, por exemplo, dois triângulos ou dois quadrados (o autor ressalva que um quadrado nunca deve combinar com um triângulo, o que nos parece levemente preconceituoso...).

Na terceira parte do estudo, Ginestier aborda as *geometrias de 2º grau*, ou seja, há uma estrutura geométrica que se desenvolve sobre um plano pessoal de significação, transcendendo depois a um plano universal. Assim, por exemplo, existiria o problema do destino de Édipo, que nos levaria à própria problemática do Destino. Também nessa parte Ginestier confessa sua divida para com o pensamento filosófico de Souriau, exposto no livro *Les Différents Modes d'Existence*.

O dinamarquês Steen Jansen também esboçou uma teoria da forma dramática, partindo de conceitos linguísticos de distinção entre a forma e a substância e entre a expressão e o conteúdo, substituindo expressão e conteúdo por *texto* e *obra dramática*, e definindo a

> *forma teórica do texto dramático* como o conjunto estruturado de elementos de que dispõe e deve utilizar o autor dramático e pelos quais o leitor reconhece esse ou aquele texto como sendo um texto dramático, e a *forma teórica da obra dramática* como o conjunto estruturado dos meios que servem para unificar os elementos da forma teórica do texto dramático de maneira a constituir um todo coerente[4].

Pela *sucessão* e pelo *conjunto* se estudariam os caracteres dinâmicos e estéticos do conteúdo de uma obra.

Diz Jansen que procura uma "forma comum" das obras chamadas dramáticas, ou seja, que essa forma comum possa ser "generalizante". Ele, inclusive, faz uma distinção entre *ação* e *intriga*. A *ação* se relacionaria com a possibilidade de estabelecer um sistema em um conjunto de situações e a *intriga* um meio de estabelecer um elo numa sucessão de situações.

Também o matemático romeno Solomon Marcus, em sua *Poética Matemática*[5], persegue um modelo formal de estrutura de peça, baseando-se na divisão de um texto em unidades naturais, denominadas "cenas", e estabelecendo parâmetros. Marcus, escolhendo um modelo matemático, tenta "conciliar dois pólos aparentemente divergentes: as ciências humanas e as ciências exatas".

Parece-nos que bastam esses quatro exemplos de possibilidades de abordagem de um texto teatral, sob o prisma da sua estrutura. O método de Marcus peca, a nosso ver, por ser excessivamente matemático (não o fosse ele), exigindo do analista e dos leitores (a quem afinal é dirigido o trabalho), um repertório muito especializado. Também o método de Jansen nos parece ficar excessivamente preso a sua origem: a lingüística glossemática, termo criado por Hjelmslev "para designar uma espécie de álgebra da linguagem pela qual se chega a um *sistema geral e abstrato* aplicável na descrição das

4. JANSEN, Steen. "Exquise d'une Théorie de la Forme Dramatique". *Langages, 12*. Paris, Larrouse, 1968.

5. MARCUS, S. *Poética Matemática*. Bucaresti, Ed. Academici Republicii Socialiste Romania, 1970.

línguas. A "geometria dramática" de Ginestier pode ser interessante, mas nos parece ser um instrumento eficiente apenas em peças escritas dentro de uma linha tradicional. Veja-se como ele se apóia com insistência em dramaturgos como Jacques Deval, Bataille, Bernstein, Géraldy, Anouilh, Roussin, Porto-Riche etc. Em que geometria colocar *Esperando Godot*, por exemplo? Quanto a Qorpo-Santo, nem se fale. Teríamos que inventar uma "situação em círculo", pois suas peças giram sem cessar em torno de uma mesma preocupação.

Já se deduz que o instrumento escolhido foi o de Souriau, por não se apoiar nem na matemática (embora ele use a expressão "álgebra do drama"), nem na lingüística, nem ser excessivamente simplista (no sentido de exigir textos muito convencionais). Apela, perdoemnos, sobretudo para o bom senso. Evidentemente, não estamos insinuando que os outros métodos sejam desprovidos desse bom senso, mas a atividade crítica se dirige fundamentalmente a um leitor. Assim sendo, embora a crítica tenha valor em si mesma, ela se propõe mediadora entre a obra e alguém, sem a pretensão de esgotá-la. O que não a impede de ser também extremamente criativa, como aliás o próprio livro de Souriau o demonstra. E essa análise de Souriau pode ser facilmente aplicada às mais desencontrados as obras: de tragédias gregas a peças de *boulevard*; de Racine a textos "do absurdo".

6. A ESTRUTURA DAS COMÉDIAS DE QORPO-SANTO

É extremamente difícil fazer uma sinopse, resumir o fio narrativo das comédias de Qorpo-Santo, de tal modo se amontoam acontecimentos desconexos, transformando-se as situações sem nenhuma exigência interna visível, aparecendo e desaparecendo personagens e alterando-se sem cessar a sua psicologia (se é que é possível empregar esta expressão). Não existe mesmo, diríamos, uma *ação*, no sentido de progressão lógica de uma seqüência de fatos que se encadeiam harmoniosamente. São textos curtos, explosões ou "iluminações" de um cérebro perturbado.

O próprio autor afirma que escreveu suas peças de um jato, numa incrível rapidez. Chegaram até nós aquelas relacionadas à p. 45, como se verifica pelas datas colocadas ao lado de cada uma e apostas por ele mesmo. Em todos os casos demorava um só dia para escrever cada peça, exceto *Um Credor da Fazenda Nacional*, começada num dia e terminada no seguinte. Duas foram, inclusive, escritas no mesmo dia no mesmo dia, 10 de junho de 1866: *Certa Entidade em Busca de Outra* e *Lanterna de Fogo*. Uma delas — *Uma Pitada de Rapé* — está incompleta, só restando uma página. Em outra — *O Hóspede Atrevido ou o Brilhante Escondido* — ele esclarece tratar-se de "princípios de uma comédia", justificando ao final que

> Esta comédia é apenas um borrão que deve passar pelas correções necessárias antes de ser impressa, tanto mais que foi escrita das 11 horas da noite de 30, às 3 quando muito da madrugada de 31.

Ou seja, teria sido escrita em, no máximo, quatro horas. Não há por que duvidar de suas precisas anotações.

Também ele parece ter escrito outros textos, como se lê, por exemplo, em comentário do 1º volume da *Ensiqlopedia*:

> Furtaram-me durante o tempo em que estive na Corte — um drama em 5 atos; um dos quais, único trivial, vi muito depois — representado em nosso teatro, envolvido em produção semelhante de um membro do Parthenon Literário estabelecido nesta cidade. Por dentro da capa do livro que o continha, comédias e outros vários pensamentos em prosa e verso; estavam relacionadas 35 obras literárias sobre diversos assuntos por mim produzidas... Foram sem dúvida curiosidades de algum meu favorecedor, de que mais tarde serei indenizado!!! Porto-Alegre, setembro 20 de 1876.

Esse Pártenon Literário, cujo membro Qorpo-Santo ironiza, era uma sociedade fundada em 1868, em Porto Alegre, tendo como objetivo principal incentivar as atividades literárias. Seus associados, particularmente ativos no gênero dramático, deixaram peças pautadas, sobretudo, pela preocupação social. Estamos na época da *pièce à thèse*, em que o palco é utilizado como tribuna, onde os longos "bifes" das personagens são discursos em que se defende a cortesã vítima da sociedade cruel, o amor livre e puro, sem as injunções das conveniências e do dinheiro, onde se começa a estudar os conflitos de classe, os preconceitos, o problema da escravidão etc... Não é difícil imaginar que Qorpo-Santo tenha tentado penetrar nesse cenáculo, e muito menos difícil é calcular a indignação que devem ter suscitado suas pretensões.

> Os autores rio-grandenses de literatura dramática contam-se entre os que mais produziram. (...) Lendo os jornais e revistas de Porto Alegre, no século passado, topamos com uma surpreendente proliferação de autores dramáticos, a par do interesse despertado por conjuntos teatrais de outras procedências, entre eles os portugueses, à época integrados por excelentes atrizes, que lograram aqui extraordinário êxito de bilheteria. (...) O destaque dado pela imprensa a tais manifestações artísticas, a minúcia do noti-

ciário, as crônicas apaixonadas no louvor ou na censura são outros tantos sinais de continuidade com que o público acorria às casas de espetáculo. (...) A par disso nota-se a reiterada atuação, na Capital como no interior, de sociedades dramáticas de todos os tipos...[1]

Qorpo-Santo tenta estabelecer um enlace entre a comédia de costumes leve e espontânea, que até recentemente foi a base da nossa dramaturgia, com essa peça de tese realista, influência dos Dumas e Scribes franceses. O ritmo de suas comédias, enquanto teatro de costumes, é ágil, com réplicas bem humoradas, vazadas numa linguagem bastante coloquial. Emperra, contudo, completamente, quando ele se entrega às perorações morais, e, sobretudo, confessionais.

A pressa com que escreve justifica a idéia de que obedecia a um irresistível impulso interior. A divisão de suas peças em atos, quadros e cenas mostra, por outro lado, que ele estava preocupado em escrever peças "bem-feitas", dentro dos moldes tradicionais vigentes na época, tentando, certamente, seguir os parâmetros que devia conhecer: Martins Pena, Macedo, Alencar. Sua carpintaria teatral é falha e, desse ponto de vista, não consegue acompanhar o que se fazia, nem inovar, criando algo diferente. Não compreendemos sequer seu conceito de *cena*. Ele classifica *Lanterna de Fogo* em "comédia em 3 atos e dois quadros", o que é fora de propósito. Em teatro sempre se convencionou chamar de cena "o intervalo de tempo em que não acontece nenhuma entrada e nenhuma saída de uma personagem no palco". Cena é pois aquela parte da peça situada entre a entrada ou a saída de uma personagem e/ou modificações no tempo e local da ação. O quadro é um conjunto menor de cenas, e o ato, um conjunto maior de cenas e mesmo de quadros. *Lanterna de Fogo* tem uma cena primeira com apenas uma personagem: Robespier. Entre outra que logo sai e, imediatamente, mais uma. Robespier começa a monologar e, arbitrariamente, no meio do monólogo Qorpo-Santo coloca a rubrica: "cena segunda". E vai assim por diante. Ao terminar o 3º ato, que seria uma cena única, surgem os Quadros I e II. Há, então, um 4º ato. Contudo o autor, como já dissemos, classifica o texto como comédia em 3 atos e 2 quadros...

1. CESAR, Guilhermino. *História da Literatura do Rio Grande do Sul*. Porto Alegre, Ed. Globo, 1971.

Tais despropósitos se repetem em outras peças e, evidentemente, não as invalidam. Chamamos a atenção para o fato com a finalidade de demonstrar suas idéias caóticas no que se refere ao vocabulário teatral.

Por outro lado, Qorpo-Santo incorre no erro muito comum de pessoas que não têm hábito de lidar diretamente com o palco, ou seja, não têm noção de *tempo* em teatro. A sua divisão em cenas, quadros e atos é absolutamente arbitrária, e poderíamos, inclusive, questionar essa própria divisão. Suas breves peças constituem, na verdade, um ato único, dividido em cenas (ou quadros). Veja-se o caso de *Certa Entidade em Busca de Outra* ou *Um Credor da Fazenda Nacional*: são peças curtíssimas, cuja duração só com prodígios da direção poderá ultrapassar meia hora. Isso é muito comum em autores com pouca convivência com o palco, que se esquecem de que a palavra falada torna o texto muito breve e que 50 páginas impressas redundarão em uma hora de espetáculo, provavelmente.

Mas, ao mesmo tempo, essa brevidade é virtude. Todo esse teatro, alheio às exigências comuns de verossimilhança, seja o simbolista, o dadaísta, o surrealista ou o do absurdo, tem grande dificuldade em manter o interesse do público em espetáculos de duração normal. Não podemos dizer, por exemplo, que Ionesco se perca em textos mais longos, mas seus atos únicos impressionam muito mais e têm um efeito direto sobre o espectador. Parece-nos interessante repetir aqui um comentário que, embora se refira diretamente ao teatro simbolista, pode ser eficazmente estendido a todo esse tipo de dramaturgia:

É importante notar aqui que a peça simbolista curta foi mais bem-sucedida em função da representação do que as mais longas, presumivelmente porque, como a peça simbolista depende da manutenção do estado de espírito e da tensão, é mais fácil encená-la num tempo mais curto do que num mais longo. (...) ...os críticos se sentem menos propensos a acusá-las de "intermináveis"[2].

Qorpo-Santo também não hesita, nas rubricas, em determinar marcações cujo resultado seria desastroso (e impagável). Assim, em *Um Assovio*, o pano deve descer, "passados alguns minutos", após a personagem Luduvica lançar suas diatribes contra os seus "algozes"

2. BALAKIAN, Annà. *O Simbolismo*. S. Paulo, Perspectiva, 1985.

e antes de se iniciar o entreato, com danças e cantos. Em *Eu Sou Vida; Eu Não Sou Morte*, o marido de Linda chora no seu ombro "por espaço de cinco minutos". Em *A Impossibilidade da Santificação*, o Senhor C-S "aponta para o chão por dois minutos", antes de cair a cortina! Em *O Marinheiro Escritor*, no primeiro ato, ao descer o pano, "ouve-se um grande barulho no cenário, gritos, vozerias, barulho do soalho, por mais de cinco minutos". É divertido imaginar qual seria a reação do público, se observadas essas rubricas. Não procede a objeção de que seria levar muito a sério simples indicações: rubricas têm por obrigação ser rigorosamente objetivas; a finalidade de um texto é a montagem e não a leitura. De qualquer modo, já que estamos preocupados em mostrar características surrealistas de Qorpo-Santo, a fidelidade a tais indicações levaria os espectadores a um estado de enlouquecimento que atingiria aquela tensão tão procurada por Breton e seus seguidores...

Se fôssemos aplicar friamente o método de Souriau a esses textos, veríamos que ele se torna completamente inoperante, pois não existe, aparentemente, um desenvolvimento lógico de enredo. É inclusive difícil, em alguns deles, descobrir qual a personagem que encarnaria a função *Leão* que, como vimos, é fundamental, pois gera tensão dramática. O mesmo se pode dizer da personagem *Marte*, também imprescindível, pois é o antagonista do *Leão*.

Vejamos, por exemplo, *A Impossibilidade da Santificação ou A Santificação Transformada*. Imaginamos que a personagem C-S irá ilustrar teatralmente o que foi proposto na explicação que antecede a peça, vale dizer, serão narrados os sofrimentos e as humilhações por que passou determinado indivíduo. Realmente, o senhor C-S está às voltas com problemas financeiros, se envolve com pérfidas mulheres etc. Nem por um momento, contudo, se desenha a personalidade desse misterioso senhor. Afinal, ele deve realmente dinheiro, sente-se também atraído por essas mulheres, embora hesite em segui-las. Por outro lado, não há nenhuma personagem que lhe sirva de real antagonista. Na explicação inicial, é declarado que sua esposa lhe causaria problemas, mas ela não aparece. O proprietário da loja, a quem C-S deve dinheiro, é um antagonista eventual, mas o assunto da peça não é a cobrança de uma dívida. Malévola é também uma antagonista eventual, por se tratar de uma mulher fatal, que o poderia arrastar ao pecado. Mas novamente concluímos não ser este o tema da peça: a atração de um homem por mulheres perversas e destruidoras. Resumindo: o pseudoprotagonista (a personagem mais importante até o momento) é uma vítima: bom, correto, inteligente, mas incompreendido pelos que o cercam. Parece que o seu único desejo é viver em paz, mas as circunstâncias – injustas – não o permitem. As demais personagens não têm rosto. Não são sequer *Luas* que gravitam em torno de alguém. São *Cometas* – perdoe-nos Souriau pela pretensão de colaborar com o seu método –, uma nova função que, no caso, se nos afigura necessária.

Essa função *Cometa* corresponderia a personagens que deslizam rapidamente pela cena, espécie de "fulgurações" ou projeções oníricas. Que dizer dessa estranha viúva, filha de um general que deseja uma passagem de favor para o Rio, desse chefe de polícia (que não pronuncia uma só palavra) e desse capitão que tem uma sala contígua a de C-S? O capitão, aliás, tenta esclarecer C-S sobre o que fariam na sala: "Nós estávamos conversando aqui sobre um particular...", mas C-S corta-lhe sumariamente a fala e informa que só passou ali para ver...

Novos *Cometas* surgem fugazmente: um furriel (cargo na hierarquia militar do Brasil Império), um libertino vestido de padre, apavoradas senhoras. O senhor C-S, que acreditávamos ser o protagonista, o *Leão*, desaparece de vez. Uma personagem chamada Planeta tem um enorme monólogo, mas a sua função é absolutamente indefinida. Parece uma projeção de C-S e é, sem dúvida, uma espécie de *raisonneur*. Souriau, aliás, faz menção a certo tipo de personagens como esta, dizendo que não se trataria de uma força dramatúrgica elementar, mas de um certo "gênero de disposição" dessas forças. É o mesmo papel que exerce o coro da tragédia grega, que às vezes funciona como um espectador ideal, elemento de ligação entre as personagens e o público.

Essas personagens, denominadas, simplificadamente, *Cometas*, também podem ser encaradas como decorrência da estrutura muito especial dos textos de Qorpo-

Santo: não possuem identidade, são visões de sonho, embuçados que surgem e desaparecem sem deixar maiores rastros, e algumas vezes poderiam até ser eliminados. Mas a graça dos textos reside essencialmente neste fato: abandonamos totalmente o terreno da lógica e penetramos em territórios imprevistos e misteriosos.

Indivíduos com nomes estranhos continuam a surgir — Rapivalho e Bipedal — e de uma certa forma se relacionam com o Senhor C-S que, como vimos, desapareceu, sobretudo Bipedal, que ilustraria a "explicação" inicial da peça, ou seja, mostrar os sofrimentos de um indivíduo explorado por todos, inclusive pelos seus empregados. Bipedal, como C-S, se diz obcecado por mulheres, mas não as procura. Continuam a desfilar os embuçados, em *flashes* rápidos, às vezes com tiradas divertidas. Não são antagonistas, não desejam nada, não parecem temer alguma coisa. Suas ambições são modestas: realizar um baile. O que não será possível, pois uma misteriosa personagem ainda não arranjou parceiro e se estabeleceu o "deplorável" costume de só se poder comparecer acompanhado em bailes. Com a entrada de um último e estranho senhor (estranho pelo menos no nome: Ridinguínio), se encerra a peça. Qorpo-Santo, na rubrica, explica que todos em cena deverão ficar mudos, contemplando Ridinguínio. Ou seja, os *Cometas* perdem em definitivo a sua luz e retornam ao estado de não ser. Fulguraram um breve minuto e voltam ao vazio de onde vieram.

Seria loucura pensar em unidades aristotélicas ao nos referirmos a esses textos. Afinal, as noções de espaço e de tempo não existem para Qorpo-Santo e as duas se confundem como se estivéssemos numa atmosfera de sonho. Mas a unidade de ação é imprescindível a toda a obra; caso contrário, é impossível manter o seu interesse e sua íntima coerência. Veja-se em todas as peças ditas "do absurdo" como, mesmo na apatia e na afasia das personagens, existe uma rigorosa unidade de ação. Vladimir e Estragon esperam Godot, e a espera é o fio que sustenta a ação. A passagem de Lucky e Pozzo vem reforçar, entre outras coisas, a idéia da dificuldade de comunicação humana. A espera — metafísica, provavelmente — é o tema do texto. Em outra obra beckettiana *Oh! le Beaux Jours*, Winnie, a "cinqüentona", fala sem cessar, tentando afastar o pavor de ser engolida pela terra. Seu blablablá incessante tenta disfarçar o medo de um universo árido e agressivo, e o desejo de viver *malgré tout* dá a tônica do drama. Novamente Souriau: o medo e o desejo.

Em *As Relações Naturais*, apesar das mudanças de nome por que passa a personagem Impertinente (que se transforma em Malherbe, do terceiro ato em diante), é possível colocá-lo como o *Leão* da peça. Há um conflito declarado entre o dono da casa (Impertinente/Malherbe) e sua esposa e filhas – *Marte*, as antagonistas, que querem viver de acordo com as "relações naturais", ou seja, os impulsos vitais do ser humano que, na ótica do *Leão*, seriam impulsos anti-sociais. O protagonista, na cena inicial, se apresenta também como uma espécie de *raisonneur* (figura muito necessária numa peça de tese, como se pretende a maior parte das de Qorpo-Santo), fazendo, inclusive, o que se chama de metateatro, um teatro que se observa e se estuda a si mesmo:

E será esta a comédia em 4 atos, a que denominarei – *As Relações Naturais*. (...) Vivo na cidade de Porto Alegre, capital da Província de S. Pedro do Sul; e para muitos, Império do Brasil. Já se vê pois que é isto uma verdadeira comédia!

O conflito será decidido, afinal, pelo criado Inesperto, encarnando a função *Balança*, ele que anteriormente era *Lua* do patrão ou *Lua* da patroa e filhas.

Há textos, porém, em que é relativamente fácil encontrarmos personagens firmemente investidas nas funções *Leão* e *Marte*, como, por exemplo, em *Mateus e Mateusa* (onde os protagonistas são curiosamente *Leão* e *Marte* recíprocos), *Eu Sou Vida; Eu Não Sou Morte, Lanterna de Fogo* (onde o *Leão* – protagonista – tem um propósito determinado: localizar uma perdida lanterna, objetivo que, apesar das típicas digressões e circunlóquios do autor, permanece inalterável até o final da comédia), *Um Credor da Fazenda Nacional, Hoje Eu Sou Um; e Amanhã, Outro* etc. Em outros, porém, torna-se praticamente impossível, como é o exemplo de *Dous Irmãos*, onde, na cena inicial, imaginamos que a unidade de ação será dada pela busca de um irmão desaparecido. Ledo engano. Trinta enlouquecidos *Cometas* cruzam o palco e o texto termina com uma cena entre dois irmãos (daí, talvez, o título), sem conseguirmos objetivar qual foi o propósito do autor. Ressaltem-se, nesta última, duas cenas admiráveis de comicidade, que valem por si próprias, independentemente do contexto onde foram colocadas, sobretudo uma delas, em que Qorpo-Santo parodia certa *enflure* romântica ainda vigorante no teatro brasileiro da época (a cena com Pulquéria).

Qorpo-Santo utiliza amiúde um curioso procedimento: criar falsas linhas de interesse que não se concretizam, falsos temas ou, como diz Kayser, "motivos cegos". Desta forma, em *Hoje Sou Um; e Amanhã Outro*. No início, imaginamos que o tema será o conflito entre o rei e alguns conspiradores. Logo essa temática é abandonada e surge o fio principal: a invasão do país por outro. Nesse texto, a função *Marte* não se consubstancia em nenhuma personagem. Resta a atmosfera, fortemente marcada. Também em *Dous Irmãos*, a primeira cena sugere que a busca de um irmão desaparecido será o tema da peça. A seqüência dos fatos mostrará, entretanto, ser uma razão totalmente secundária. Poderse-ia objetar que *Dous Irmãos* consiste *apenas* em "motivos cegos"... *Um Assovio, Certa Entidade em Busca de Outra, Um Parto, O Marinheiro Escritor, O Marido Extremoso* constituem outros tantos exemplos desse proceder do dramaturgo. Que em um teatro "tradicional" prejudicaria a "unidade de ação". Aqui, ele cria um ambiente de tensão, pois ficamos na quase certeza de que as coisas não caminharão nunca numa direção lógica. Se as personagens não parecem se preocupar com tais fatos, o leitor/espectador sente-se instável e inquieto psicologicamente.

Já em *A Separação de Dois Esposos* há um paralelismo de situações e as funções *Leão* e *Marte* se duplicam: marido x mulher; criado x criado. Esse paralelismo vai desmistificar toda a dramática situação inicial entre o casal e parodiar o próprio amor, reduzido a algo ridículo e somente fisiológico. Imaginamos o escândalo que a peça provocaria se fosse montada na Porto Alegre de 1866...

Chegamos, pois, a um impasse. Afirmamos que iríamos empregar o método de Souriau por nos parecer mais lógico e eficiente, e chegamos à conclusão de que mesmo as funções por ele consideradas fundamentais não são localizadas com clareza. Significativamente, lembramo-nos que J. J. Cury, aplicando métodos matemáticos (Solomon Marcus) na análise semiológica de textos teatrais, viu-se a braços com um tipo semelhante de dificuldade, ao tratar de Qorpo-Santo. No item relativo à hierarquização das personagens de *As Relações Naturais*, ao comentar Truque-Truque (um dos tais *Cometas*), ele declara que

ocupa o 5º lugar pela freqüência de palavras. Esta alta freqüência de palavras deveria colocá-lo numa ordem privilegiada entre as personagens do elenco. Mas o extraordinário é que o extenso monólogo de Truque-Truque se reduz a uma seqüência de significantes puros, grau zero de significação do texto[3].

Outra vez a estrutura de Qorpo-Santo vem criar um impasse, fazer "um furo". Haveria então uma estrutura revolucionária que subverte totalmente a noção de conflito teatral? Teria Qorpo-Santo conseguido demonstrar que a vida é, não absurda, mas insensata? Seria este o tão comentado antiteatro? Desde logo, declaramos não concordar plenamente com a expressão antiteatro, que nos parece fruto de uma atitude preconceituosa contra o teatro, vendo-o como uma espécie de peça de museu, aprisionado dentro de moldes rígidos, sem admitir qualquer tipo de pesquisas e não se permitindo ser reavaliado e repensado.

A resposta nos é dada pelo surrealismo, isto é, a obra do dramaturgo gaúcho é, na sua totalidade, uma projeção mental, decorre de uma escrita automática, sem preocupações estéticas (o desalinhavamento desses textos não admite dúvidas a respeito) e cujo conflito único decorre do próprio conflito do autor com o mundo, onde o dualismo imaginação e realidade desaparece, surgindo, em seu lugar, uma síntese: a própria obra. Observe-se como ele, às vezes, sequer se preocupa em escrever integralmente todos os diálogos, deixando-os à improvisação dos atores, como por exemplo no fim do 3º ato de *As Relações Naturais*, na rubrica:

(Dão dois ou três passeios pela sala, e sentam-se em um sofá; *conversam sobre várias cousas...*) (grifo nosso).

ou em outra, no 4º ato:

... conversam (as mulheres) sobre os resultados e conseqüências de sua empresa, e o que farão depois.

---

3. CURY, José João. *A Quantificação e Análise dos Dados na Narrativa Teatral*. S. Paulo, P. U. C., 1977 (Dissertação mimeografada).

Em *Um Parto*, curiosamente, a rubrica final levanta dúvidas se a peça deverá ou não terminar naquele ponto, já que ressalva: "E assim *parece* dever terminar este Ato" (grifo nosso).

Ou, então, no desfecho de *Um Credor da Fazenda Nacional*, em que ele introduz um final optativo colocando em rubrica, após o encerramento da comédia:

> Pode acabar assim; ou com a cena da entrada do Inspetor, repreendendo a todos pelo mal que cumprem seus deveres; e terminando por atirarem com livros e penas; atracações e descomposturas etc.

E tudo, então, se aclara: existe o *Leão*, a personagem geradora da tensão dramática, cuja vontade é dominante — é o próprio Qorpo-Santo, encarnado nas diversas personagens que constituem o elenco dessas comédias. Ele não se mostra por inteiro em ninguém, ele se acerca e se afasta, se dá e se recusa, se esconde e se revela. Ele se dissolve, se multifaceta em miríades de aspectos que se distribuem por todos esses estranhos seres que povoam os textos. C-S (e as iniciais já revelam quem se esconderia atrás delas) é também Planeta, Bipedal e Radinguínio. Já que a linguagem é sempre vista como uma forma de dominação, o designar um indivíduo com um nome é uma maneira de domesticá-lo, de tentar, desde criança, dar-lhe uma definição, de submetê-lo a uma organização familiar e, por extensão, social. Qorpo-Santo tenta libertar-se do ambiente sufocante em que devia viver, e é o teatro que mais vai colaborar nessa fuga. Mas essa pretensa liberdade é perigosa, ele poderá ser reconhecido. Então será não apenas um indivíduo, mas diversos. Do Desejo e do Medo, nasce o drama. O Desejo de ser, o Medo de ser identificado.

Da mesma forma não se pode chamar *Marte* de Antagonista, o opositor declarado desse *Leão*. Assim como encontramos a função *Leão* em diversas personagens, também o inimigo pode se metamorfosear no Caixeiro, em Rubicundo, em Bidepal. Sobretudo o grande antagonista se encontra dentro dele próprio, é a mente que lhe impede a realização dos seus desejos. Daí nascer essa incrível atmosfera de insegurança que caracteriza as peças. O estável e o dito "normal" ameaçados de destruição por forças subterrâneas.

Mesmo um texto aparentemente caótico como *O Marido Extremoso ou o Pai Cuidadoso*, se examinado dentro dessa perspectiva, adquire sentido. Pedro, o *Leão* da peça, está representado nos outros quadros pelos diversos espoliados do texto (Sancho, o Mestre, os músicos e as escravas). Os Antagonistas são aqueles que exploram impunemente os outros: Régulo, Remo, os participantes da *Festa na Roça*, Catinga, o outro cliente da loja, o chefe de polícia etc. O mundo tornou-se um território perigoso, onde todos só pensam em gozar a vida e explorar os bons, representados, no caso, pelo dramaturgo.

Mas essa identificação do autor com as personagens atinge o máximo em *O Marinheiro Escritor*, onde duas delas, Enciclopédico e Miguelítico, contracenam e são, evidentemente, a mesma pessoa. Supomos que nenhuma peça do teatro dito surrealista conseguiu atingir este ponto de *nonsense*: duas personagens distintas conversam entre si e são, na realidade, a mesma pessoa. Isto é tão patente que, se lermos apenas os diálogos, sem a indicação do nome das personagens, não perceberemos a quem pertencem, de tal forma se relacionam. É como se um deles conversasse com um espelho e este, por um golpe de mágica, começasse a responder. No final da cena os dois saem de braço dado e não seria inconveniente imaginar que fora de cena recuperaram a integridade, momentaneamente perdida. Mas Mitra, Leão e Rapivalho são também outras tantas manifestações de um mesmo indivíduo: o autor.

É o problema da personalidade dividida que retomaremos adiante, da máscara e da persona, de *la plaie et le couteau*. Porque a insegurança não parece nascer da impossibilidade de se efetivar o desejo, ela nasce do medo de que ele possa realizar-se.

O surrealismo do autor explica e justifica o caos que reinaria na sua obra. Sua estruturação é mental, ela tem que ser procurada não no real, mas no supra-real. A estrutura da realidade não existe porque a realidade é uma ficção. Qorpo-Santo consegue ultrapassá-la e reelaborar essa estrutura que estava aparentemente perdida.

III. O EU REENCONTRADO

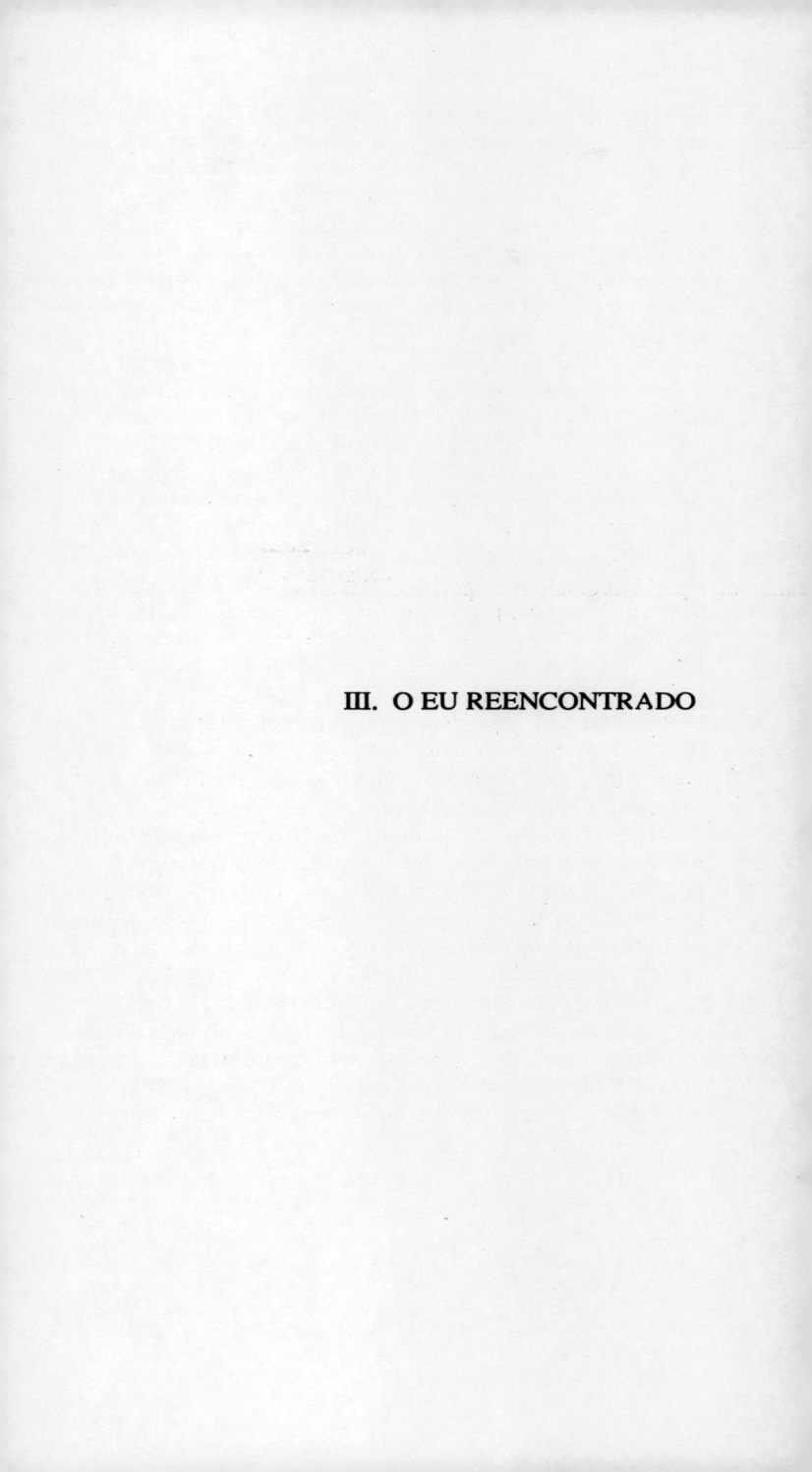

7. A LIBIDO E O HUMOR

"É preciso dizer-lhe o contrário do que penso", aparteia uma das personagens de *As Relações Naturais*, justamente aquela que pode ser associada ao próprio autor, o *raisonneur*. Essa frase bem poderia ser uma epígrafe de sua obra. Realmente, perpassa em todas as comédias um constante clima de insegurança, de dúvida, de algo que se dissimula; que foi expresso magistralmente por ele em dois versinhos da *Ensiqlopedia*:

São dois de Março de sessenta e três/Hoje; e cinco horas da tarde, talvez.

A realidade, que parece irretorquível, de um relógio e de um calendário, é de repente confrontada com um advérbio que vem esfacelar tão inocentes indicadores. O tempo é uma ilusão, o momento presente é fictício; como estarmos certos da nossa integridade física e, mais que tudo, da nossa integridade psíquica? É característico de Qorpo-Santo alternar seguidamente várias opções verbais ou mesmo introduzir simples conjunções disjuntivas, que demonstram a incerteza de todas as coisas que se apresentam visivelmente aos nossos sentidos. Mesmo o emprego contínuo de reticências dá-nos a sensação de expectativa, e quebra incessantemente o pensamento discursivo.

Nessa peça, a mesma personagem se lamenta pela sua "ingrata e nojenta imaginação" e em outra, um tal Enciclopédico (que pode ser associado ao escritor) reafirma tal queixa:

> Quando terá esta cabeça um pensamento firme e invariável!? Por que razão hei-de eu sair com a mais firme resolução agora, e passados alguns minutos tomar resolução contrária?

O mundo se apresenta dividido: o que se mostra e o que se esconde atrás dessas aparências. Essa instabilidade vai gerar a tensão e vai afetar a personalidade, ameaçando-a de se fracionar também. A solução é ter não apenas uma identidade, mas diversas. A síntese *talvez* seja possível, já que a verdade absoluta só será alcançável na fusão dele com tudo e com todos que o rodeiam, desaparecendo a antinomia vigília/sono:

> Stou enganado?...
> Estou turbado!...
> Estou a dormir?...
> Estou a sonhar?...
> – Parece-me star –
> – Tudo a fundir!!!!

Veja-se como suas personagens se transformam arbitrariamente, mudando de nome: Impertinente disfarça-se em Um Indivíduo e logo em seguida em Malherbe, em *As Relações Naturais*; Robespier subitamente se metamorfoseia em um velho alquebrado, logo a seguir em um visconde. Morre, mas breve ressuscita, tão jovem quanto antes, assumindo mais uma vez a personalidade de Robespier, em *Lanterna de Fogo*. Jorge e Ernesto são a mesma pessoa em *O Hóspede Atrevido*, como também o são Larápio e Esculápio, em *A Impossibilidade da Santificação*. Trata-se de "um pensamento liberto do princípio restritivo da identidade", conforme preconizava o Surrealismo. Qorpo-Santo perde, através de suas perturbações mentais, a identidade, libertando o seu pensamento, que se espraia livremente até que o mundo exterior reclame seus direitos. E renasce o drama:

Se cada qual tivesse liberdade para pôr em prática todos os pensamentos que lhe – passam pela imaginação – viveríamos em um caos; não teríamos nem um momento de quietação.

Apesar de ter consciência dessa "nojenta imaginação" (expressão que utiliza em *As Relações Naturais*), Qorpo-Santo, curiosamente estava preocupado com o realismo, na sua acepção mais lata, ou seja, pretendia mostrar a realidade tal como se apresenta aos nossos olhos, fotograficamente, protestando, inclusive, contra a possibilidade de serem refutadas, tão autênticas seriam:

> Minhas obras escriptadas
> Não podem ser censuradas!
> Pois estão relacionadas
> Com as coisas enxergadas!
> Delas são – fiel retrato
> Qual de fotografia ato!

Esse desejo de realismo choca-se, contudo, com a sua personalidade dividida, que se evidencia na leitura da sua obra dramática e que os volumes da *Ensiqlopedia* freqüentemente corroboram. Numa das peças – *Hoje Sou Um; e Amanhã Outro* –, uma das personagens relata que um sábio e santo homem, vivendo em Porto Alegre, descobriu que os "corpos não são mais que os invólucros de espíritos", ou seja, as criaturas não teriam uma personalidade definida e estariam constantemente mudando. Na própria peça se explica que esse sábio e santo homem é conhecido por Dr. C... S..., o que não deixa dúvidas sobre quem seria o autor de tais descobertas...

Aliás, há vários trechos na *Ensiqlopedia* comprovando acreditar o dramaturgo gaúcho na transmigração de almas e numa missão divina de que se acharia imbuído. Um dia ele é, por exemplo, papa ("prevalecendo-se do poder espiritual de Papa, de que acho-me investido hoje..."), em outro, se faz transportar, em espírito, para outros lugares, conversando com Victor Hugo ou mesmo dando sugestões – imaginem – a Napoleão III:

> Tendo eu sabido anteontem que Napoleão 3º ou seu governo havia proibido a saída de seus portos de dois encouraçados pertencentes à marinha de guerra brasileira, dirigi-me ao mesmo espiritualmente, a fim de convencê-lo...

Essa crença na possibilidade de um mesmo indivíduo ser vários naturalmente lhe devia proporcionar um relativo alívio e justificá-lo ante si mesmo, em razão de seus procedimentos contraditórios. Porque o grande drama de Qorpo-Santo é o choque que nasce entre as relações ditas "naturais", aquelas emanam desordenadamente de nosso *id*, impulsos vitais, anárquicos e primitivos, com as exigências sociais do *superego*, provocando a flutuação do *ego*. Essas "relações naturais" dizem respeito sempre à libido, decorrente, é visível, do temperamento sensual e ardente do escritor. Esse eterno "ser ou não ser" é muito bem expresso por ele mesmo:

> Ninguém pode viver pondo em prática relações naturais, nem se pôr em prática alguma.

frase que bem documenta sua perplexidade ante os próprios desejos e a necessidade (social) de negá-los.

Do conflito, triunfam sempre a razão e a moral, mas esse triunfo nos parece forçado e inautêntico. São soluções *deus ex machina*, que nos trazem à memória aqueles "paraísos" um pouco insossos e descoloridos da obra de Bosch, se comparados aos fantásticos e atraentes universos de corrupção, pecado e danação que ele próprio cria.

Assim, da problemática marido/mulher/amante de *Eu Sou Vida; Eu Não Sou Morte* resulta a vitória do marido e, por extensão, "a honra, o brio, a dignidade, e o interesse das Famílias!" Tal conclusão parece atender ao desejo que tinha o autor (talvez até sincero) de "entrar na linha", mas o tom exagerado e retórico do marido (que se refere mesmo à "integridade Nacional") deixa entrever o aparecimento da habitual "fissura" paródica do dramaturgo.

Essas "relações naturais" são obsessivas e aparecem com freqüência na *Ensiqlopedia*:

> Os artifícios a que os perversos chamam – relações naturais, desprezando as verdadeiras – que são as que se derivam ou conformam com os preceitos divinos e leis do país em que habitamos, ou a que pertencemos, conduzem-nos ao cometimento de todos os crimes como se fossem atos de virtude, expondo-nos com tais ciladas a todos os horrores. Destruí-os, portanto. Só é natural o que nasce de Deus – natureza revelada como qualificam os sábios.

Tais bons propósitos são logo desmentidos por suas necessidades sexuais:

> Primeiro as relações, depois os botões. Pus em ordem gramatical: – Primeiro ponho em prática as naturais relações; e depois abotôo os botões.

Ninguém poderia com tanta precisão e malícia contemporizar necessidades que lhe parecem completamente inconciliáveis. Os desejos inconfessáveis são satisfeitos e imediatamente colocamos-lhes por cima a capa dos preconceitos sociais vigentes. Podemos até conotar um outro sentido ao verbo abotoar; além de se referir ao ato físico de fechar a braguilha da calça poderia, metaforicamente, se relacionar ao fechamento (soluções morais) da fantasia delirante, liberta, por breves momentos, nas suas comédias e poesias.

Em outro trecho da *Ensiqlopedia* ele volta a censurar essas "relações":

> Que os artiffcios a que indevidamente chamam relações naturais, porque contrariam todas as leis divinas e humanas...

O que não impede de ser sexo uma obsessão que atinge todas as personagens. Há uma pequena cena, em *A Impossibilidade da Santificação* (3a. do 2º ato), que é bem ilustrativa. – Duas mulheres, já de uma certa idade, conversam sobre "o gosto dos homens" e não se sentem nem um pouco constrangidas de serem para eles apenas objetos sexuais; muito ao contrário, até gostam da situação. Lamentam-se apenas do desprezo que eles lhes votam por não serem mais jovens:

> ... nós não passamos de casas; e que assim como entram em uma casa velha, por outra nova, nelas param, saem, etc., assim também podiam entrar em nós, sair, estar o tempo que lhes aprouvesse.

A expressão "entrar e sair de nós", na boca de duas distintas senhoras gaúchas, batendo papo num dia chuvoso, é realmente deliciosa. As mulheres de *As Relações Naturais* são menos discretas e nem lançam mão de nenhum eufemismo ao gritarem delirantes: "Enforquemos tudo quanto é autoridade que nos quer estorvar de gozar".

Que o dramaturgo seria um erotâmano é uma dedução tirada do dizer e do proceder das suas personagens, personagens que, por sua vez superaram sua condição para com ele se identificar, como decorrência do automatismo psíquico que colaborou na sua criação, assunto que logo retomaremos. Veja-se, por exemplo, a enorme digressão de Robespier, verdadeiro fluxo da consciência (não é à toa que a rubrica determina que o ator esteja deitado), quando ele devaneia:

> Ainda eu não fiz o que fez certo escritor francês, que escreveu duzentos livros! Mas o tenho feito talvez em milhões de mulheres; e tãobem de homens – cousa que julgo que ele tãobem não faria.

Esta idéia de relacionar página em branco com virgindade e o ato de escrever com copular/deflorar apare-

75

ce com freqüência nas divagações da *Ensiqlopedia* e, evidentemente, na peça *Duas Páginas em Branco*. Sobre a estranha referência a homens também há um trecho da *Ensiqlopedia* onde ele acusa "malvados indivíduos" de constrangê-lo a se relacionar com mulheres casadas, solteiras, honestas, desonestas, de menor idade, crianças, prostitutas e, "por cúmulo de vergonha, devassidão e de imoralidade, até com homens". Existiriam mesmo tais indivíduos ou seriam também projeções de uma mente perturbada? Pergunta sem resposta, e resposta, por sua vez, desnecessária. Apenas constatamos.

O que não cabe dúvida era ser o ato sexual um pecado nefando:

> A Virgem Maria,
> A senhora nossa,
> Concebeu – por graça.
> – Do Espírito Santo!
> Não houve n'ess'ato
> Alguma mácula
> Daquel'original,
> Que é o principal
> ou maior pecado!

cuja satisfação o mergulha em dramáticas confusões de sentimento:

> Que tremenda a luta entre o meu espírito e a carne! Parece incrível o que em mim passa-se! Pinta-me a imaginação a necessidade indeclinável de a ela voltar; aguça ao vê-la a ansiedade para n'ela tocar: sinto a força necessária que m'instiga; que m'excita... busco satisfazer; não encontro; ou não posso! Logo depois ocupa-me a idéia horrível dos tormentos do meu corpo: das torturas do meu espírito, não só pela prática de tal ato como mesmo pela tentativa! Ao mover-me em busca, o coração se me despedaça! ah! quantos martírios forjam-se em minha imaginação que a minha pena agora cala!... Uma voz diz-me que veja; outra – que fuja! que m'entretenha; outra – que m'abstenha! Uma – que passeie; outra – que esteja em casa!... E quanto mais oh! meu Deus!...

Esta lancinante confissão ilustra bem a sua neurose e dilaceramento da sua personalidade. Essas vozes (não seriam elas os "malvados indivíduos" a que nos referimos em parágrafo anterior?) se corporificam no palco, na cena 2a., do 2º ato, de *A Impossibilidade da Santificação*, e um eco das angústias do trecho acima citado ressoa, mais pudorosamente e com acentos cômicos, na personagem do marido de *As Relações Naturais:*

> Isto é o diabo! Estas mulheres chamam-me com o espírito quando estou em casa; e quando saio à rua, com as palavras, com as mãos, com os dedos, com a cabeça, com os olhos, e se as encontro fora, então é até com seus remexidos!

O dilaceramento do autor se mostra por completo nessa última peça, no consenso geral uma de suas obras mais bem realizadas. Evidenciam-se, com clareza, os conflitos entre as impertinentes "relações naturais" e a censura particular do dramaturgo, conflitos que se tornam evidentes desde a cena primeira, espécie de prólogo, e que extrapolam ao nível de conflito entre o artista e a vida, tema que surge em outra peça, esta deliberadamente autobiográfica: *A Impossibilidade da Santificação*. Realmente, tanto o Impertinente da primeira, como o Sr. C-S, da segunda, se mostram céticos quanto ao "sentido" da sua atividade de escritor. Impertinente lamenta-se que bem poderia estar gozando de "alguma bela" (novamente a libido); já C-S, perplexo, interroga-se:

Entretanto, tenho sido forçado a essa pena ou perda (o ato de escrever)! Qual será e quando se dará a compensação desta perda?! Será amanhã, depois passado um mês; quando?

Tal apelo, vindo de cem anos atrás, nos comove curiosamente. Quem diria que tanto tempo deveria passar para finalmente ele ser reconhecido como o autor de uma obra das mais inquietantes da nossa dramaturgia e chamado mesmo de "gênio" por alguns?

Há no início de *As Relações Naturais* uma frase desse mesmo Impertinente que sintetiza muito bem o meio provinciano e sufocante em que ele vivia em Porto Alegre, quando compara a sociedade que o rodeia a um triste e "grande rebanho de ovelhas merinas" rebanho, aliás, que sacia o apetite sexual dele, corrompendo a quem pudesse, conforme, adiante, declara seu criado. A lascívia é a única preocupação da maioria das personagens dessa comédia, onde a mãe e as filhas transformam a casa em um bordel, sendo o criado, inclusive, amante da patroa. Não são necessidades materiais que levam essas mulheres enlouquecidas a se prostituírem e nem por um momento o texto levanta a hipótese. É pura e simplesmente o frenesi erótico; querem "gozar", para empregar um verbo caro ao autor. Sem dúvida há uma crítica quando Qorpo-Santo denuncia uma sociedade castradora que lhe impede satisfazer livremente todos os instintos. Mas, por outro lado, há nisso mais um problema de ordem existencial, e a obra de Qorpo-Santo é, nos parece, um longo grito de desespero pelo próprio existir. A moral, a religião, o direito o impedem de "gozar", e a pergunta mais inquietante parece ser: por que eu necessito gozar?

Pela leitura das comédias, complementada pelos outros volumes da *Ensiqlopedia*, não nos parece que o escritor fosse contra a organização social existente que, ao contrário, não se lhe afigura má. Alguns homens, estes sim, são perversos e a desvirtuam:

> Que belas, que salutares; que convenientes; que úteis; que felicitadoras são – a Constituição Política do Império do Brasil; seu Código Criminal; e algumas outras leis que desta manam... é porém digno de lamentar-se que não sejam sempre fielmente cumpridas.

Tal idéia surge repetidamente, sobretudo na *Ensiqlopedia*, onde ele se dá ao trabalho de até reproduzir e analisar a Constituição e o Código Criminal do Império. Sua ira volta-se contra algumas tantas pessoas – funcionários públicos, meirinhos, chefes de polícia, advogados, juízes (mais que tudo...) – corruptos e venais. O homem não é mau, a sociedade não é má, alguns, repetimos, o são, e se distribuem, significativamente, entre aqueles que, no seu modo de ver, o prejudicaram. Qorpo-Santo não desespera do homem e até considera ser possível reencontrar a felicidade: bastaria castigar os maus (que o perseguiram) e ser reintegrado, na plena posse de seus direitos, à sociedade. E privilegiar o social de sua obra – que existe, sem dúvida – em detrimento do existencial seria diminuí-la e lhe tirar um alcance bem mais amplo.

Em *As Relações Naturais* fica patente o conflito entre desejo e censura. Inclusive as mulheres decididas a destruir quem possa perturbá-las se voltam, inconscientemente, a primitivos ritos tribais. Já nos referimos à atmosfera fantástica na qual evoluem as personagens qorpo-santenses. Aqui também se cria um ambiente onde todas as coisas podem acontecer. – O inimigo será destruído em efígie: o objeto, por uma invocação mágica, não só representa mas *é* aquilo que é representado e com ele se identifica totalmente. É ele quem está impedindo a consecução dos atos anti-sociais: Qorpo-Santo vai, em definitivo, se dilacerar. Em efígie, também, simbolicamente. A realidade, a sociedade gritam as suas exigências e o criado impedirá a destruição do enorme boneco, restabelecendo a ordem social: as mênades desvairadas serão castigadas pelos pedaços a que se reduz a personagem/boneco/autor. Os bons costumes serão restabelecidos e as convenções sociais se imporão triunfantes. Mas o preço será amargo, como se comprova na leitura do final da citação das pp. 45-46.

Ensinaram a Qorpo-Santo que a religião e a família seriam os "pilares da sociedade". Ele aprendeu a lição e tenta o tempo inteiro acreditar nessas verdades, mas a sua atitude é sempre ambígua, donde surge uma visão distorcida do mundo. Mesmo em relação a Deus surgem brechas:

> A quem deverei eu graças dar – por se – ir restabelecendo o meu crédito? – Talvez ao demônio por ser ordinariamente quem governa!

Ele clama a Deus pateticamente:

> Santo Deus! por que não crucificais aqueles que desrespeitam vossos santos preceitos!?

porque ele é honesto, se opõe às relações naturais e exalta a dignidade, a virtude, a honra. Contudo, tal atitude, a seu ver, não lhe trouxe nenhum proveito:

> A desesperação em mim tocou ao extremo – pela dor ao mesmo tempo de tanta impunidade; (...) levantai uma cruz na praça da Matriz, por ser o lugar mais público e nela – crucificai-me!

Yan Michalski sente perpassar no teatro de Qorpo-Santo "um surdo tom de misteriosa ameaça". Parece-nos que essa misteriosa ameaça advém da perpétua oscilação que há nesse universo paródico, sempre à beira de mergulhar no caos (da mesma forma, aliás, que a sua mente). Há pelo menos uma ocasião em que é impossível impedir esse desmoronar e tudo se precipita, unindo cosmicamente as personagens às forças invisíveis que se presentificam sob a forma de milhares de luzes e de fogo: o final do 3º ato de *As Relações Naturais*. É sintomático que isso aconteça após o suceder do incesto. Qorpo-Santo, conscientemente ou não, sentiu que tinha avançado demais no seu desespero erótico; a luz e o fogo, elementos sempre associados à purificação, surgem para restabelecer a ordem transgredida. A água, elemento também purificador, debela as chamas e a rubrica é altamente exemplificativa:

> Malherbe (*depois de todos tranqüilos*) – Sempre a desordem nas casas sem ordem! Sempre as perdas; os desgostos; os incômodos de todas as espécies! (grifo nosso).

Esse universo paródico, já referido, decorre da desconfiança de Qorpo-Santo em relação à realidade que se nos apresenta aos olhos. Dessa dúvida nasce a visão distorcida do mundo, e mesmo em trechos, na aparência sérios, introduz-se uma nota cômica que estilhaça o representado. Assim, num texto altamente confessional como *A Impossibilidade da Santificação*, quando uma das personagens vocifera freneticamente sobre Deus, carne, pecado, adultério, uma rubrica, seguida por uma frase marota, introduz ruído na mensagem dignificante: "(À parte) Esta doutrina é de comédia". Também Intérpreta, "uma menina de 16 anos", ao afirmar que "a mulher como o homem é um ente que deve ser por todos respeitado", ouve de Impertinente (uma projeção do autor): "A menina está no mundo da lua! Ainda crê nas caraminholas que lhe encaixam na cabeça". Um cavaleiro sai da sala de Robespier, protagonista de *Lanterna de Fogo*, desculpando-se pela maneira arrebatada com que lhe invadiu e casa, um "santuário da inocência, honradez e honestidade" e o proprietário, ficando sozinho com duas mulheres, determina que uma delas durma à sua direita e outra à sua esquerda, pulverizando, de imediato, a noção de santuário... Satanás, invocado, surge, "encarregado pelos demônios para destruirmos os maus", o que subverte o estabelecido pelo bem pensar, levando-nos a concluir que a função dos anjos é atormentar os bons... O pai incestuoso declara sua paixão à filha, antes de levá-la para o quarto, misturando divertidamente expressões religiosas com frases de êxtase amoroso: "Sim, sois minha; és minha e serão sempre minha por todos os séculos dos séculos, Amém". A aparente seriedade de *A Separação de Dois Esposos* no 1º e 2º atos é grosseiramente parodiada pelo casal homossexual no 3º. E o que dizer do detalhe de humor negro, quando, no auge da carnificina de *Hoje Eu Sou Um; Amanhã Outro*, uma aia se preocupa com o atraso do almoço da Rainha...

O amor nunca se apresenta puro, mesmo entre os jovens, pois entre os velhos transformou-se em um acomodado ódio e repulsa de que só o hábito impede o definitivo afastamento, como é o caso, por exemplo, de *Mateus e Mateusa*. Lembramo-nos, descontado o tom farsesco, dos casais de Strindberg. Acreditamos, às vezes, que Qorpo-Santo vai finalmente estabelecer um diálogo romântico, bem ao gosto dos Macedos e Alencares da época. É só um breve instante, e tudo se desarticula. Linda declara sua paixão a Lindo com palavras arrebatadas, mas, subitamente:

> Adoças-me pois sempre com tuas palavras; com teus afetos; com teu amor *ainda que fingido*! (grifo nosso).

Mais tarde, diante das queixas desse amado (Lindo), pela sua ingratidão, ela não vacila: "Eu não te disse que te não fiasses de pessoa alguma?" E se Lindo, um pouco retoricamente, afirma possuir "dois grãos corações", ela não deixa por menos, retrucando ter "duas cabeças", mostrando assim a prevalência da razão sobre o sentimento. Nessa peça que, vista superficialmente, pode parecer apenas uma daquelas "geometrias triangulares" de Ginestier (marido, mulher e amante), é vulgarizada por expressões como "teus bofes, ou pulmões — envoltório dos corações", ou da verdadeira natureza do elo que liga o amado à amada: "Como pedes àquele que tanto te ama; mais que a própria cama?!"

Flávio Aguiar se estendeu com muita perícia sobre o problema dos "olhos estrelados", onde o pseudo-romantismo da idéia de relacionar olhos profundos/brilho de uma noite estrelada é ridiculamente posto em xeque pela associação com banais ovos estrelados...

Os exemplos são numerosos no desenrolar dessas comédias. Eulália (*O Hóspede Atrevido*) ameaça com a sua fúria se alguém tentar contra a sua honra e honestidade e exibe o seu instrumento de defesa: uma unha que arranca na hora... O amor de Eulália e Ernesto nessa comédia é, na verdade, mais um desses "motivos cegos", referidos no capítulo anterior. Mancília diz que ficará "traspassada de dor" se o marido duvidar de sua fidelidade (*Duas Páginas em Branco*). Ele não se impressiona, são todas iguais: "perto (...) são umas santinhas", longe, porém, põem "veneno até no ar". Aliás, Mancília, logo depois, gracejando, insinua que se o Tenente (personagem que anteriormente tentou conquistá-la) aprender com o marido a fazer amor, ela não resistirá, o que mostra a natureza verdadeira da sua paixão. Mesmo em *Lanterna de Fogo*, se a personagem masculina principal está psicanaliticamente à procura de uma lanterna que não ilumina, nem lança chamas e fumo, e terminando por localizá-la numa personagem feminina qualquer, fica patente a intenção do autor; Robespier não busca uma mulher ideal, sequer está apaixonado por uma criatura determinada: trata-se da mulher, pura e vaginalmente falando. Aquela que está no palco e sobre a qual ele se atira (o verbo é de Qorpo-Santo) não tem identidade e nem lhe é atribuída nenhuma réplica.

As próprias crianças que aparecem na peça são paródias da infância. As três filhas do casal Mateus e Mateusa são hipócritas, vulgares, brigando entre si e, sobretudo, interesseiras. O pai, para elas, é "sempre um velho" que "cada vez fica mais porco". Para atender aos seus "modestos pedidos" – elas concordam cinicamente –, ele terá que vender até a peruca. Sua linguagem nada tem de infantil, é retórica e pedante. As três garotas de *O Marinheiro Escritor*, Diamante, Formosíssima e Sapientíssima (a paródia já começa com os nomes), se alegram que o pai não queira jantar: sobrará mais comida para elas... A menina de *Lanterna de Fogo* também é cínica, no seu comentário sobre o velho (protagonista) meio moribundo, que retorna à vida:

Titia! Titia! Ele ainda quer poesia. Acha que é pouco chamarem-no de maluco – portanto haver ensinado, ora lendo, ora falando, ora escritando (*riem-se todos*).

Novamente a palavra "escritar", que tem para Qorpo-Santo dupla conotação.

As menininhas de *A Separação de Dois Esposos* (cujos nomes são os mesmos das filhas de Qorpo-Santo), apesar de novinhas, já se preocupam, juntamente com a mãe, com os possíveis namorados. Mas a maior criação infantil do autor é a velhaca Isolina de *Duas Páginas em Branco*, que deseja ver o casal se amar, para aprender e repetir mais tarde. Quando o·casal escapole para um quarto, seu comentário não é nada ingênuo: "Eu bem sei (apontando para o quarto) o que eles foram fazer ali... (...) Hei de me casar", continua ela, mas termina por concluir ser preferível a flor (que tem na mão) "porque não causa dor". Isolina antecipa magistralmente os "monstrinhos" infantis tão a gosto da literatura contemporânea. Lamenta-se apenas que o autor nunca aprofunde seus achados e que as personagens se atropelem, em galope, pelo palco.

Essa procura do cômico e do elemento derrisório, esse oscilar entre o patético e o vulgar, e mesmo o levemente escatológico (veja-se o espisódio "A Festa na Roça", de *O Marido Extremoso*, certos detalhes de *O*

Hóspede Atrevido) é uma constante, portanto, da obra dramática de Qorpo-Santo. Esse humor é também uma necessidade na obra surrealista, vale dizer, a contradição entre o mundo real e o mundo surreal poderá ser contornada com a colaboração do riso, mesmo amargo. O humor, sobretudo o humor negro, seria, então, uma forma de o indivíduo tentar superar as contradições entre o mundo sensível e o mundo perceptível, procurando um equilíbrio entre a inquietação que o domina e as exigências sociais, muitas vezes mesquinhas, que o cercam. Mesmo Freud valorizava o riso (como uma forma de terapia, evidentemente) e Breton considerava imprescindível tal elemento na elaboração não só da poesia como de qualquer outra atividade, cujo resultado pudesse ser considerado surrealista:

O humor, enquanto triunfo paradoxal do princípio de prazer sobre as condições reais no momento em que estas são julgadas as mais desfavoráveis possíveis, é, naturalmente, chamado a tomar um valor defensivo na época sobrecarregada de ameaças em que vivemos[1].

As ameaças de Qorpo-Santo têm um caráter bem mais subjetivo (dissolução da personalidade, conflito entre a moral e os impulsos vitais do ser humano) que as de Breton (Hitler, nazismo), mas nem por isso são menos válidas. Na mesma *Ensiqlopedia*, de onde retiramos aquele patético depoimento sobre a angústia que ele sente ao se defrontar com o problema da obsessão sexual, surgem comentários divertidos sobre o assunto, como este: "Quando amarro as ceroulas prendo dois inimigos para que não me incomodem". Percebe-se que, pelo menos nesse momento, Qorpo-Santo não considera "os inimigos" tão ferozes. Afinal, desamarrar é bem mais fácil do que amarrar...

1. DUROZOI, G. & LECHERBONNIER, B. *O Surrealismo*. Coimbra, Livraria Almedina, 1976.

8. O AUTOMATISMO PSÍQUICO

Pelos comentários que fizemos sobre a obra qorposantense, já se percebe como esse teatro não pode ser relacionado com aquele dito "do absurdo". Todas essas peças não estão preocupadas em denunciar o absurdo da existência e a angústia decorrente da sua finitude. O mundo apenas está momentaneamente fora dos gonzos, porque sua administração foi entregue a irresponsáveis. É o que fica claro na leitura de um dos trechos da *Ensiqlopedia*:

> Este mundo é um hospital de doidos! Nas minhas observações sobre este dito, creio firmemente que a hipérbole não é muito exagerada. Não o são só aqueles que transgredindo todas as leis divinas e humanas, esforçam-se para pôr em prática os artifícios a que chamam – relações naturais. O são também os milhares que querem forçar os indivíduos que vivem conforme tais preceitos a abandoná-los, e viver de casa em casa ocupados exclusivamente na prática de atos libidinosos.

O trecho é extenso e prossegue com ele se lamentando – sempre ao nível pessoal – das perseguições de que afirma ser vítima. Os eternos temas – relações naturais, libidinagem etc. – retornam, como de costume. O dramaturgo não descrê da possibilidade de o mundo ser corrigido, caso seja entregue aos bons (como ele).

Na origem dessa obra está a imperiosa necessidade que tem um homem se revelar, de se pôr a nu, escondendo-se, contudo, atrás de máscaras. É um teatro que obedece ao automatismo psíquico, que não tem rigor lógico ou estrutural, cuja função é um grande abscesso e ele lanceta-o. Obra, aliás, que deve ser um prato forte para os psicanalistas, desde o nível do enredo até o da elaboração, onde rubricas, deslizes de linguagem, utilização incessante do fluxo da consciência estabelecem um "quadro clínico" fascinante.

O Teatro do Absurdo, ao contrário, não é um teatro que nasce do arbitrário ou do acaso. Resulta de uma tomada de posição consciente do artista perante um universo que lhe parece hostil e mesquinho. Essa conscientização do *néant*, ao nível psicológico e individual, leva o dramaturgo a dimensioná-la cenicamente, valendo-se de todos os recursos que o teatro lhe proporciona, dentro de uma rigorosa elaboração estética. – Veja-se a estrutura circular a que obedece a maioria das obras de Beckett, circularidade que ilustra perfeitamente o beco sem saída a que o homem foi conduzido. A minúcia de marcações nesses textos, inclusive, mostra a vontade deliberada de Beckett de comunicar perfeitamente uma idéia precisa. A circunstância de ter sido Beckett amigo de Joyce e se considerar, de certa forma, seu discípulo, já revela alto grau de intelectualismo. Suas peças se preocupam com a

... experiência de temporalidade e evanescência; seu sentido da trágica dificuldade da progressiva tomada de consciência de nós mesmos no impiedoso processo de renovação e destruição que ocorre com as mudanças no tempo; da dificuldade de comunicação entre os seres humanos; da busca infindável da realidade num mundo em que tudo é incerto e em que a fronteira entre o sonho e a realidade muda a cada instante,

e ele quer que essas preocupações passem claramente ao espectador, o que o leva muitas vezes a reformular os textos, como o provam as diferenças entre a edição francesa e a inglesa do seu teatro.

Beckett, Adamov, Ionesco, Buzzati, Grass, Pinter são escritores altamente intelectualizados, que se servem da linguagem teatral para uma demonstração, no fundo bastante racional, de algumas verdades que alcançaram. Se muitos desses textos são um pouco misteriosos, outros são de uma clareza exemplar, como *A Última Gravação de Krapp*, *Ato Sem Palavras*, *As Cadeiras*, *A Lição*, *Um Caso Clínico* e outros tantos. Alguns,

nada têm de absurdo, aliás é (são) de uma lógica próxima do cartesiano, como resposta filosófica e estética a um estado de coisas.

Sua carpintaria e linguagem denunciam a todo momento uma extraordinária capacidade de invenção, um agudo senso de poesia e uma extrema sensibilidade habilmente manipulados por um rígido intelectualismo. Esslin comenta, por exemplo, a "clareza e objetividade" de *Le Ping-Pong* e como Adamov domina inteiramente os recursos técnicos, na elaboração desse texto.

Qorpo-Santo, em princípio, parecia estar preocupado em escrever apenas divertidas comédias de costumes e situações, dentro dos parâmetros vigentes na época. Há uma indicação na *Ensiqlopedia*:

Cenas para comédias. Visita a um velho; interrupção por um caixeiro; questão com o amo; conversa com alguém; entrada em certa casa; desesperos de um marido. As calças em uso do Martins; um quarto para morar em casa de um amigo; pelotiqueiro que tudo quebra e nada conserta; o mesmo, fazendo aparecer na sala de visitas – sua mulher em fraldas de camisa. Pedido de uma moça em casamento; disputa entre um casal; da mulher deste com uma generosa jovem; insultos recíprocos; queixas à autoridade competente; condenação, satisfação em dinheiro. Uma audiência em palácio. Entrada de um hotel; entrada em um templo, de uma jovem em ocasião de missa; um passeio às charqueadas. Repreensão a uma criada, que termina por atirar uma bota à cara; em uma casa que vendem-se roupas feitas, fazendas, ferragens, molhados, ouro e prata; sonho que causa espanto; sonho que causa gosto; um major suspendendo com a espora o balão de uma senhora – na procissão do Senhor; questão de uma velha e um moço (divórcio); a tentativa de um adultério; as mortes dos adúlteros. Uma questão em um hotel; entretimento com uma moça, logro a certo petimetre que, sem ser convidado, foi a um baile; questão na polícia por causa de umas armas.

Podemos reconhecer, em alguns desses temas cuja enumeração se assemelha a um "fluxo da consciência", embriões de futuras comédias. É sumamente interessante nos certificarmos de como, por força de seus problemas mentais, Qorpo-Santo deles se afastava, transformando-os em meros veículos de problemática pessoal. De retrato de situações eles se transmudam em retratos existenciais.

Qorpo-Santo não era, evidentemente, um louco, mas uma criatura perturbada, vítima de uma neurose depressiva e de fixações. Muitos dos seus comentários são dotados de extremo bom senso e de poder de observação, aliados a uma fina ironia e malícia. A reforma ortográfica que propôs tem muita coisa aproveitável, como o futuro confirmou. Sua poesia nos parece, em geral, sem grande interesse, curiosa por abordar temas nada poéticos (na visão da época) e, por isso, é, no espírito, bem "moderna". Mas mesmo nela encontramos alguns toques de fina observação e sensibilidade. Nunca poderemos saber até que ponto suas amargas queixas são verdadeiras, ou resultam de mania de perseguição. O importante é ressalvar que o neurótico, o hipocondríaco, o possesso podem partir de uma invenção, mas há um momento em que esta invenção se converte em verdade e aquela situação, inicialmente falsa, torna-se verdadeira, por obra da imaginação delirante. Por exemplo, será verídica a acusação que ele faz à esposa de ter sido adúltera com o Juiz que – parece – realmente o perseguiu? É um problema irrelevante e cuja resposta, afirmativa ou não, em nada contribuiria na avaliação da sua obra. O que pode interessar é que Qorpo-Santo acreditava ter sido traído e essa traição tornou-se real na sua mente e afeta-o no cotidiano.

Seus textos, portanto, nasceram da necessidade de colocar artisticamente, em termos teatrais, alguns tantos temas que lhe pareceram interessantes. Logo, contudo, eles sofrem uma "desregulagem de ritmo" e enveredam por outro caminho, e o ato de escrever torna-se um meio em que se expressa o seu automatismo psíquico. Nunca, como neste caso, aquela ficção – muito usada pelos escritores, ao dizerem que a personagem adquiriu vida própria, libertando-se do criador – é tão dramaticamente verdadeira.

Já vimos como Breton privilegiava a técnica do automatismo psíquico como a melhor, permitindo uma criação independente de qualquer controle social, moral ou estético. Na prática, bem sabemos como é difícil alguém se entregar a esse tipo de criação, já que a memória, o nível de instrução, uma série de particularidades sempre interferem e não é gratuito se olhar desconfiado para essas obras "nascidas do subconsciente". Esclareça-se que a desconfiança não é com a origem, mas com o prosseguimento. Qorpo-Santo faz exatamente o contrário: elas se originam do consciente e quase de imediato abandonam o caminho que lhes havia sido determinado e enveredam pelo universo subterrâneo do escritor.

Há muito surrealismo inautêntico, e mesmo algumas poesias de Qorpo-Santo podem ser julgadas falsas. Falta-lhes vir de paragens obscuras da mente, de uma necessidade interior, que se torna imperiosa e deve ser a característica primeira de uma obra surrealista. Por curiosidade, eis um exemplo dessa poesia:

> *Um Queijo.* Não sei onde vi um queijo
> Que despertou-me desejo
> De logo – dar-lhe um beijo!
> Comprido e não redondo,
> Feito em forma de pombo;
> Apalpei-o pelo lombo;
> E quando eu quis cortá-lo,
> Gritou o queijo: – Badalo!
> Toca a rebate! Fá-lo
> Já, depressa, quanto antes
> Que diante mim – pedantes
> Sinto em forma d'amantes!

Nonsense, sem dúvida, mas não nos parece surrealista, ou seja, o surrealismo tem comumente elementos de *nonsense*, por causa de sua estrutura onírica, mas a recíproca não é verdadeira.

Na totalidade dos textos de Qorpo-Santo há personagens ou que são projeções dele, ou que assumem algumas de suas preocupações. Mesmo em um texto mais farsesco, como *Um Parto*, uma das personagens – Ruibarbo – subitamente desanda a defender uma reforma ortográfica, uma das obsessões do autor. É esse deixar-se levar irresistivelmente por problemas particulares que explica a estrutura caótica dessas comédias, cuja organicidade tem que ser procurada, repetimos, em outro nível da realidade.

Já observamos como a problemática de *As Relações Naturais* (o choque entre a sexualidade desenfreada e a moral vigente) se relaciona com suas contradições internas. Em *Mateus e Mateusa* surgem as mesmas preocupações e se o Código Criminal, a Constituição e a Bíblia são jogadas no lixo, a moral é restabelecida por uma rápida frase do criado. Em *Hoje Sou Um; e Amanhã Outro*, há referências diretas sobre o autor, feitas pelo ministro ao rei, que ainda servem de veículo para expor suas idéias relativas à transmigração de almas. *Eu Sou Vida; Eu Não Sou Morte*, ilustra teatralmente seus problemas íntimos com a esposa: a mulher adúltera tem que ser castigada e o "outro", punido exemplarmente. *Um Credor da Fazenda Nacional* também se refere diretamente aos problemas que teve o autor com repartições federais, e a personagem principal chama-se, sem nenhum pudor, José Joaquim de Campos Leão, Qorpo-Santo! Na *Ensiqlopedia* há várias referências às dificuldades que ele teria tido para receber quantias a que se julgava com direito, o que sempre o levou a desancar impiedosamente os funcionários públicos em geral. Robespier, de *Lanterna de Fogo*, é uma projeção dele, como já comentamos; veja-se, por exemplo, a cena em que a personagem conversa com Simplício, no fim do 1º ato. Quase de súbito Robespier transforma-se e começa a arengar contra aqueles que o teriam esbulhado (a Qorpo-Santo) e se exalta até culminar no grito de desespero: "Assassinos! Malvados! Pérfidos! Infames! Traidores!" O casal de *A Separação de Dois Esposos* envolve também a problemática particular do autor. O 5º quadro de *O Marido Extremoso* refere-se diretamente aos seus problemas particulares e também, na *Ensiqlopedia*, ele se queixa de ter sido roubado pela polícia. *A Impossibilidade de Santificação* é precedida de uma explicação totalmente confessional e a personagem principal chama-se C-S. Em *O Marinheiro Escritor*, seus problemas se projetam em diversas personagens, inclusive uma chamada Leão. Quanto a *Dois Irmãos*, pelo que se deduz da leitura da *Ensiqlopedia*, se originou em pequeno episódio por ele relatado:

Carta que dirigi a quem tinha o restrito dever de ser meu íntimo amigo. E sua resposta. 1863. Tendo necessidade de passar alguns dias nessa cidade, rogo a V. Mercê o obséquio de declarar-me se posso hospedar-me em sua casa. Resposta - Não tenho cômodos em casa.

É interessante citar este exemplo para mostrar como um breve fato fazia a mente do dramaturgo explodir. Contudo, no momento da elaboração do texto, ele se perdia e o acontecimento detonador termina por ser apenas o tema do último quadro da comédia, permanecendo solto na estrutura.

Parece inclusive que muitas vezes havia uma discrepância entre a rapidez de sua imaginação e a capacidade física de lhe dar forma literária, como se conclui da frase:

Creio haverem-se perdido vinte e tantas peças para teatro e outras tantas para música por as não haver podido escrever nos dias em que as produzi. Agosto e setembro de 1862.

Acreditamos não haver prova mais eloqüente de ser a atividade do escritor totalmente automatizada, e o ato de escrever, um "cavalo" de que se servia sua mente desordenada. Por sua vez é o automatismo psíquico que vai colaborar nesse descarte da lógica e da realidade cotidiana. Não há a mínima preocupação com verossimilhança e nem encontramos em nenhuma personagem preocupações excessivas de caráter psicológico. É um universo completamente alterado, onde tudo pode ocorrer e onde os acontecimentos, por mais imprevistos que pareçam, são aceitos sem maiores contestações.

Em *O Marinheiro Escritor*, duas personagens masculinas se declaram grávidas e o fato é aceito calmamente pelos outros. Uma delas protesta, mas logo a dúvida se instala na sua mente, recordando-se de que a própria esposa já levantara antes tal hipótese. É só. Não se discutem o absurdo e as transgressões da moral convencional que envolveria o fato, se ele fosse verídico. É uma situação, digamos, desagradável, por causa dos trabalhos do parto... Quanto ao outro, a parteira Findinga o acalma – afinal um parto não é tão complicado e ele ainda tem a sorte de não serem gêmeos...

O casal de *Duas Páginas em Branco* não se espanta nem um pouco por encontrar duas mesas de bilhar em sua sala de visitas. Mancília, a esposa, alega aborrecê-la o barulho das bolas. Quanto aos dois desconhecidos que jogam – desculpam-se –, estavam passando, viram as mesas, resolveram se divertir. Numa peça tradicional as personagens teriam que passar dez minutos, se não mesmo a peça inteira, discutindo o fato, procurando a intenção secreta de quem as teria colocado lá, etc. Mancília e Espertalínio não se apoquentam e até resolvem fazer amor em cima das mesas...

Há personagens que morrem e ressuscitam (*Lanterna de Fogo*), outras envelhecem ou trocam de nome (sem trocar exatamente de personalidade, já que esta também inexiste), o tempo e o espaço tornam-se inconsistentes e tudo se processa com a lógica de um sonho, ou seja, sem nenhuma lógica visível. Mesmo o universo material não é passível de confiança e pode transformar-se ou reagir de maneira inusitada. E nuvens e milhares de luzes descem subitamente do céu, denunciando a instabilidade geral que reina em todos os planos e a íntima relação que existe entre o mundo das aparências e aquele outro (surreal) que se esconde atrás dele.

Qorpo-Santo, contudo, na maior parte das vezes, trabalha com dados absolutamente banais – coisas, objetos, situações –, mas trata-os de tal forma que perturba a ordem porventura existente no universo, desintegrando-o e nos fazendo estranhar e recusar esse real. Esta é uma preocupação surrealista:

> A manipulação surrealista perturba as aparências banais, revela por detrás do aspecto manifesto dos objetos uma potencialidade indefinida de estados latentes que não pedem senão atualizar-se e com os quais trata de encontrar um modo de coexistência[1].

Qorpo-Santo seguia inconscientemente o que preconizará Breton no seu *Primeiro Manifesto*: "O que há de admirável no fantástico é que não existe mais o fantástico: não há senão o real". Para essas personagens qorpo-santenses não há contradições nas coisas, elas se colocam em um plano completamente diferente, aceitando viver em uma realidade onde a síntese entre mundo exterior e mundo interior tornou-se possível.

Da leitura de sua obra percebe-se sua incrível sensibilidade e sua tentativa de ultrapassar o real pela força da imaginação. Ele procurava, nas coisas mais insignificantes, algo detrás delas e, ao mesmo tempo, com elas confundido. Ora, o artista surrealista considera o universo uma floresta de indícios e por isso interroga sem cessar esses indícios, não exatamente para obter uma resposta determinada, mas objetivando, pura e simplesmente, reconciliar-se com a natureza. Breton e seus seguidores achavam imprescindível que se interrogassem os objetos, as cartas, as pedras, enfim tudo quanto existe na natureza, para obter uma revelação:

> Estamos completamente entregues ao desejo, à solicitação, graças somente às quais o objeto reclamado vai poder exaltar-se aos nossos olhos. Entre eles e nós, como por osmose, vai operar-se bruscamente, pela via analógica, uma série de misteriosas mudanças[2].

Encontramos na *Ensiqlopedia*, numerosas vezes, semelhantes preocupações:

1. DUROZOI, G. & LECHERBONNIER, B. *O Surrealismo*. Coimbra, Almedina, 1976.
2. *Idem.*

Que revelações faz a natureza a nossas vistas; ora espirituais, ora materiais! que hei de estar vendo em um morrão de vela: um bicho interessantíssimo coberto com um chapéu de abas; seu todo é perfeito: noto-lhe apenas um defeito – vêem-se dentes por baixo do queixo. Tem um só olho no centro entre o nariz e a testa, o qual brilha como polido diamante metido em ouro,

ou então:

> A primeira coisa que hoje vi – outubro 4 – foi um bicho, cuja cabeça e pescoço eram-me estranhos, e de extraordinárias dimensões; feito pela natureza como limo em uma parede.

Mesmo uma simples azeitona pode ser repensada e torna-se um veículo para algo imaterial:

> Sinto hoje em cada azeitona que engulo introduzir-se em meu cérebro o espírito de uma capacidade transcendente.

E estranhar e desintegrar o próprio corpo:

> Senti sair pelo meu umbigo um grande bicho; pousou no mar e converteu-se em grande nau!

Porque assim a natureza reencontrada poderá, então, não exatamente servi-lo, mas comunicar-se com ele, realizando-se a síntese, antigamente existente, e da qual o homem se afastou:

> Está estalando a luz e expressando: vai deitar-se; são horas: é meia-noite.

Ao atingir esse estado particular de sensibilidade, o artista estará em condições especiais para produzir. Sua mente liberta de preconceitos se desenvolverá automaticamente através da forma escolhida: a poesia, a prosa, a pintura. O automatismo psíquico se relaciona na obra de Qorpo-Santo com o uso sistemático do fluxo da consciência. Mas há uma diferença: o fluxo da consciência pode ser manipulado diretamente (sem a intervenção evidente do autor) ou indiretamente (quando fica clara a presença do autor organizando, dirigindo ou mesmo comentando esse fluir de idéias). Aqui, contudo, se esse fluxo parte da personagem (obedecendo a vontade do dramaturgo), logo, sutilmente, a personagem perde o seu *status* e o fluxo passa a provir da consciência do criador. Ele pode ser encontrado na quase totalidade de suas comédias, com algumas exceções, entre as quais *Mateus e Mateusa, Eu Sou Vida; Eu Não Sou Morte* e *Um Credor da Fazenda Nacional*.

Os exemplos são numerosos e vamos colhê-los ao acaso. Em *Lanterna de Fogo*, por exemplo, Robespier está conversando com seu criado Simplício, que declara entender a obsessão sexual do patrão, compreendendo que ele não possa fugir dela. Robespier começa elogiando a inteligência de Simplício e o previne que vai discorrer sobre coisas importantes. Imediatamente começa a narrar o esbulho que havia sofrido um homem "assaz notável" em uma "das mais notáveis cidades da América". O palco torna-se então tribuna na qual o autor se queixa das perseguições de que é vítima. Há um ligeiro interregno para ele se referir "aos direitos consagrados pela natureza ao homem", mas logo se exalta e conclui imprecando com fúria contra supostos inimigos (de Qorpo-Santo, claro).

Na peça há um extenso monólogo da mesma personagem, no início do Quadro I, e é interessante acompanhar os movimentos do seu pensamento, que se estendem preguiçosamente, indo e voltando. Ele divaga sobre as estrelas e sobre as mulheres, comparando-se com a própria Natureza. Após elogios à boa cabeça que possui (Robespier/Qorpo-Santo), o pensamento – por analogia com grandeza – se desvia para a perfeição da obra do Criador. Logo surgem referências a sua obra literária, as quais se misturam de imediato às obsessões eróticas (escrever/copular). Quando ele se queixa da excessiva imaginação, perde o fio da meada. Ao retomá-lo, discorre confusamente sobre o ofício de escritor e a necessidade ou não de freqüentar igrejas. Introduz-se o *nonsense:*

> Ainda havia eu concebido um pensamento: o que havia de ser; o que sem ter na cabeça... não; sem ser chafariz... e gotejar pelo nariz... tão bem não: sem se fazer de si – todo inesgotável, forte; de sua cabeça sempre cheia – caixa; de seus lábios – forte bica onde tem e por onde lança a mais cristalina linfa todas as vezes que quer em palavras, orações, proposições e discursos!

A incrível mixórdia é interrompida por batidas na porta (não é sem propósito imaginar que é a realidade cotidiana que vem protestar seus direitos). Não é ninguém e ele se entrega novamente a seus pensamentos. Relembra visões noturnas (sensuais, mas associadas ao dilaceramento de um ente – novamente a idéia de gozo/pecado). Há referências a um juiz assassino (o tal Curador de Órfãos que o teria perseguido?) e logo ele conclui que cada um viva como quiser, de acordo com as suas inclinações. Pensamentos eróticos são cortados pela idéia da Ciência Divina, mas a necessidade de comprar um livro de astronomia, para completar os estudos geográficos, o reconduz à realidade. Uma nova recordação erótica que se levanta é substituída por uma recordação desagradável ("É notável que as massas sejam cousas mais nojentas que as carnes"). A imaginação revoluteia entre coisas disparatadas e opostas: doces/venenos; mingaus/cadáveres, terminando por concluir que é necessária uma companhia para comer melhor. Surge novamente o vocábulo "veneno" e, com a entrada de uma mulher, se encerra o monólogo. Será difícil encontrar em qualquer escritura automática surrealista tal autenticidade. Impressiona-nos, também, a incrível proliferação de imagens e a tensão que ele consegue criar, ao nunca se deter logicamente em nenhum dos temas que afloram no monólogo. Por outro lado, chama-nos a atenção a falta de sutileza, o quase despudor com que Qorpo-Santo faz as personagens abdicarem de suas características, obrigando-as a assumir a sua própria personalidade. É como se o ferrolho da censura fosse completamente eliminado, provocando a unificação do escritor com aquilo que escreve.

Inclusive, os surrealistas achavam que o automatismo deveria ter tal autenticidade que, de forma alguma, o resultado deveria ser reformulado e nem mesmo sequer relido. A preocupação com o aspecto estético (elegância da frase, concatenação de idéias, emprego de pontuação precisa) está completamente alheia à composição dessas comédias. Qorpo-Santo tem plena consciência disso, quando declara que aquele que por elas se interessar poderá fazer

...quaisquer ligeiras alterações, corrigir alguns erros e algumas faltas, quer de composição, quer de impressão, que a mim, por numerosos estorvos – foi impossível.

Todas essas peças dão a impressão de que foram escritas por uma imperiosa necessidade interior, quase em um transe. Em nenhum momento, na *Ensiqlopedia*, ele se queixa da impossibilidade de montá-las ou da falta de interesse dos seus contemporâneos, embora lastime fortemente a recusa sistemática em publicar sua obra em prosa e verso, o que o obrigava a fazê-lo como matéria paga. Ou teria o dramaturgo a convicção de que o público jamais aceitaria seu teatro, tais as transgressões que continha?

Breton, embora acreditasse na viabilidade do seu método automático, sempre se preocupou que ele fosse transformado apenas em mais um método poético, um modismo, denunciando os que

não quiseram ver nele senão uma nova ciência literária dos *efeitos*, não tendo nada de mais urgente do que adaptá-la às necessidades de sua pequena indústria.

É, aliás, contra essa indústria que Carpentier protesta no prefácio, cuja citação acha-se às pp. 39-40.

Está claro que Qorpo-Santo não estava preocupado com verossimilhança e lógica. O teatro é um meio que lhe permite dar vazão aos seus fantasmas e obsessões, ao mesmo tempo que, por suas próprias características, exige sempre a intervenção de dois elementos vivos e atuantes: o ator e o público. Público a quem dirigir suas denúncias e atores, simulacros perfeitos da realidade, que o substituiriam perfeitamente. Qorpo-Santo devia intuir que a palavra no palco adquire uma força muito maior que a palavra meramente escrita.

O dramaturgo gaúcho não era louco, como assinalamos, mas está claro que era uma personalidade exaltada, exacerbada mesmo. Breton tinha grande fascínio pelos loucos, pois considerava-os dotados de uma sensibilidade muito especial, que lhes permitia ir além, transgredindo o conceito de realidade. A nossa sociedade, preocupada com o normal, o lógico e o culto do sucesso e do bem-estar, agride violentamente o homem, impedindo-o não só de olhar com atenção o que se passa em volta como também impedindo-o, o que é pior, de olhar para dentro de si mesmo.

Adamov, um dos autores do absurdo, reconhecia que "a neurose aguça a percepção e permite ao doente olhar para as profundezas barradas à visão normal". Esclareça-se que tal afirmativa decorreu do fato de ter ele tido graves problemas psíquicos, posteriormente auto-analisados e relatados. O teatro parece tê-lo curado e, declarando-se reconciliado com o mundo, elaborou mais tarde uma obra politicamente engajada. Reconciliação um pouco frágil, tendo em vista o suicídio subseqüente...

É fato incontestе que a loucura e todos esses estados (hipnose, tóxicos, delírios) que levam o indivíduo a mergulhar dentro de si, propiciam um olhar mais agudo para o que nos rodeia. Mesmo uma excessiva fraqueza orgânica contribui para aguçar mais os sentidos. Dali criou até um método paranóico-crítico, definindo-o como uma forma espontânea "de conhecimento irracional baseada na associação crítico-interpretativa dos fenômenos do delírio". Aliás, umas das melhores e mais fecundas fases de Dalí é a da década de 30, em que ele produz induzido pelas suas obsessões particulares: impotência, castração, velhice.

São as perturbações psíquicas de Qorpo-Santo que vão colaborar para que se lhe abram as "portas da percepção", permitindo que se extravase tudo o que ele tem no inconsciente, através de uma escrita automática. É curioso como esse fluir do inconsciente nos dá, em alguns dos escritores que o praticam (Soupault e Breton, por exemplo), a penosa sensação de atitude intelectual, de pose, de inautenticidade; sentimos no ar a presença do autor ordenando as palavras e o pensamento. Em Qorpo-Santo, contudo, é o contrário que ocorre e chega a ser patético o esforço que ele faz para reconduzir o pensamento ao caminho da lógica e do "bom senso", tentando dominar esse caudal de imagens jorrado de sua mente. Observe-se, por exemplo, uma pequena e despretensiosa comédia como *O Hóspede Atrevido*, por ele mesmo classificada como "um borrão", escrito em poucas horas.

Seu enredo é desinteressante e nem chegamos a uma conclusão sobre o que ele pretenderia fazer. Mas como se acumulam detalhes estranhos, imprevistos, até mesmo sem nexo! Na primeira cena, uma preta surge, pedindo autorização ao dono da casa para que um certo "Sr. Soares" possa visitá-la. Não se explicita por que esse senhor quer visitar a casa, quem é a patroa da negra a quem, por sua vez, a personagem manda um recado misterioso — "diz a tua Sra. que eu lá hei de ir, ou mandar", — e ainda irrompe numa série de protestos incompreensíveis para o leitor/público. A personagem Jorge transforma-se em Ernesto e este sai com a mulher para visitar uma amiga que teve um estranho filho, "um menino macho com quatro olhos, seis narizes, duas bocas, cinco pernas". Alberto parece ser uma visita, mas logo adiante Paulo afirma que fará que ele se mude da casa, e Leon, o criado, estranha que os seus (de Paulo) sapatos estejam pendurados em cabides. O casal Eulália/Ernesto retorna, não se incomoda absolutamente em encontrar Leon sozinho na casa, dizem-se mútuas asnices e somem para o jardim. Na briga que se segue entre Alberto e Paulo, este consegue pô-lo fora da sala, fechando-lhe a porta. Alberto calmamente deita-se e dorme. Já havíamos assistido a uma cena entre Alberto e o criado, e espantamo-nos com a acusação de que o primeiro teria feito propostas amorosas ao segundo. Alberto acorda – já dentro da sala – e logo depois retira um punhal colocado embaixo de um travesseiro, deixando-nos na dúvida se estamos numa sala ou num quarto. O escândalo que os três armam é tal que acode a polícia. O casal, no jardim, não se deve ter preocupado, porque não aparece. É tudo absolutamente inverossímil, o que se torna mais acentuado pelo fato de o diálogo se desenvolver entre gente absolutamente simples, num tom coloquial.

É um mundo aparentemente igual ao nosso, mas cujo sentido se encontra além e permanecerá incógnito. É como se as personagens tivessem conhecimento de fatos de que jamais o público será cientificado, ironia dramática às avessas.

Parece-nos, pois, evidente a existência de uma atmosfera surrealista na obra de Qorpo-Santo; o humor e a derrisão se aliam à recusa da função comunicante da linguagem (a linguagem do dramaturgo é quase sempre fática: as personagens tateiam o tempo inteiro, procurando uma comunicação que nunca se estabelece), onde o insólito, andando *pari passu* com o banal, cria um universo tenso, à beira da dissolução, tudo se presentificando através de uma escrita automática. Se o autor dramático se apaga atrás das personagens, aqui temos exatamente o contrário: as personagens não conseguem nunca dissimular a presença poderosa do criador e tornam-se meros autômatos, fantoches desindividualizados.

9. UM TEATRO SURREALISTA!

E surge uma pergunta: será realmente possível falar em teatro surrealista? Afinal o teatro é uma forma de comunicação muito especial, em que os elementos ator e público são imprescindíveis. Anteriormente, já nos referimos à dívida do Surrealismo para com o Dadaísmo, só que aquele "não pretende destruir, e sim reconstruir o mundo". Ora, as manifestações dadaístas privilegiavam o elemento teatral, aliando leitura de poemas e manifestos, acompanhados de música e dança. Muitas vezes eram usados figurinos, especialmente confeccionados, e mesmo máscaras. O público completava o quadro eminentemente teatral. Mesmo a agressividade e até a virulência dessas apresentações antecipam o "teatro da agressão", modismo dos anos 60 que também produziu frutos — alguns bons — no Brasil. A diferença é que o público dos dadaístas, menos dócil, revidava à altura, seja com palavras, seja com objetos. É interessante saber, por exemplo, que Hugo Ball, um dos organizadores das sessões dadá em Zurique, era diretor teatral e tinha até sido assistente de Max Reinhardt.

Breton tomou parte nesses *happenings* e mais tarde é quem vai montar o processo fictício contra Barrès, em 1921, transformando a sala de uma sociedade em tribunal, com advogados de defesa, promotores e testemunhas. Breton escolheu ser Juiz-presidente, e nomes como Soupault, Aragon e Ribemont-Dessaignes tomaram parte na "representação". Os quatro, aliás, escreveram peças teatrais, não sendo fácil classificá-las como dadaístas ou surrealistas. Isso demonstra que Breton não era exatamente contra o teatro em si, mas contra a organização teatral, o relacionamento de um espetáculo com a idéia de empresa. Ele chegou mesmo a interpretar as duas pequenas peças que escreveu com Soupault: *S'il vou plaît* e *Vous m'oublierez*.

A noção de "teatro surrealista" torna-se paradoxal porque o elemento fundamental do Surrealismo, o automatismo psíquico, estaria ausente da montagem. Às vezes dizemos que determinado espetáculo é surrealista por causa do seu clima onírico e da presença constante do insólito. Há um mau costume de associar surrealismo com bizarrias ou coisas sem muito nexo, esquecendo-se de que o surrealismo assim obtido é fácil de atingir. Se desenharmos um pequeno pássaro, carregando pelos ares um gato, será surrealismo? Não, claro que não, o quadro foi fruto de um pensamento lógico e organizado. Já o objeto surrealista tem que decorrer de iluminações do subconsciente, de breves fissuras no pensamento racional (ou então de total projeção de um pensamento irracional).

Breton via o teatro, pois, com fundas desconfianças:

Oh, teatro eterno!, exiges que não só para representar o papel de um outro, como também para escrever esse papel, nos disfarcemos à sua semelhança, como se um espelho, diante do qual posássemos, nos devolvesse uma imagem alheia. A imaginação tem todos os poderes, menos o de nos identificar, a despeito de nossa aparência, com uma personagem diferente de nós mesmos. Não é lícita a especulação literária quando levanta, diante de um autor, personagens às quais acusa ou justifica, depois de criá-las integralmente. ... Fala em teu nome, eu lhe diria, fala de ti; me instruirás muito mais. Nego-te o direito de vida e morte sobre alguns pseudo-seres humanos, nascidos prontos e inermes de teus caprichos. Limita-te a deixar-me tuas memórias, demonstra-me que não intervieste em nada nos teus heróis[1].

Realmente, é impossível evitar que o teatro se envolva com um planejamento empresarial. É uma arte que exige a colaboração de uma série de profissionais especializados, como o cenógrafo, o figurinista e o iluminador. Por mais pobre que seja a montagem, faz-se necessário um *staff*, e o dinheiro aplicado não só precisa ser recuperado como produzir lucro. Teatro é geralmente uma profissão e seria difícil conceber a expressão *ator de domingo*. Já o escritor (mesmo o de teatro) *pode* não viver necessariamente daquilo que escreve. E há uma diferença entre o leitor de poesia (que é a atividade surrealista preferida por Breton) e o espectador de teatro. A poesia e o livro criam uma total cumplicidade com o seu fruidor; os dois colocam-se em mútua disponibilidade. O público de poesia é muitas vezes pequeno e os poetas nem se amofinam demasiadamente com o fato, às vezes basta-lhes (não estamos dizendo ser seu objetivo) o reconhecimento de uma elite interessada.

Por outro lado, Breton diz que "a linguagem foi dada ao homem para que ele a use de uma forma surrealista" e, embora compreendesse que ele precise usá-la também para garantir o cumprimento de algumas funções "mais grosseiras", ou seja, no dia-a-dia, defendia a sua libertação. Inclusive, embora o diálogo seja um elemento essencial do teatro, Breton considerava-o excelente veículo para a linguagem surrealista, por onde se confrontariam dois pensamentos:

O surrealismo poético, ao qual eu consagro este estudo, se empenha em restabelecer o diálogo na sua verdade absoluta, dispensando os interlocutores das obrigações da educação. Cada um prossegue simplesmente seu solilóquio sem procurar tirar dele um especial prazer dialético e em impô-lo ao seu vizinho[2].

Assim, num diálogo autêntico (sem compromissos com a boa educação), cada parte está dispensada de responder, concordando com o que foi dito, ou negando-o, e as pessoas podem prosseguir imperturbáveis suas elucubrações.

1. BEHAR, Henri. *Le Théâtre Dada et Surréaliste*. Paris, Gallimard, 1979.
2. BRETON, André. *Manifestes du Surréalisme*. Paris, Gallimard, 1979.

Ora, é um dos elementos típicos do teatro de Qorpo-Santo o uso incessante de longos solilóquios, dificilmente interrompidos por outras personagens. Em *Lanterna de Fogo*, ele não hesita mesmo, na rubrica, em determinar que todas as demais fiquem assistindo ao divagar do protagonista. Não é a personagem que se revela: é o autor que se desnuda pela sua boca, abolindo a ficção cênica. Essas divagações nos parecem, inclusive, se assemelhar a enormes "colagens" insertas no espetáculo. A colagem é um fenômeno nascido no Cubismo e consiste em superpor à tela materiais diversos (pedaços de papel, de madeira, fotos, recursos tipográficos), cujo relevo dissociará a cor da forma, ao mesmo tempo que dará valores tácteis ao quadro. Essa técnica foi muito usada pelos dadaístas e surrealistas que acreditavam conseguir, com isso, "um repentino aumento da capacidade visionária", ou seja, obter uma sensação de estranheza, ampliando o clima de tensão.

O que dizer do extenso monólogo de Florberta, na cena 3a., do 1º ato de *Um Parto*, senão tratar-se de uma legítima colagem? Claro, compreendemos o sentido das palavras mas não conseguimos relacioná-lo com o que aconteceu anteriormente, e nem conseguiremos estabelecer qualquer nexo com o que vai suceder após. Inclusive a personagem até canta, aumentando ainda mais a estranheza de sua intervenção. Entendemos apenas tratar-se de uma escritora (?), preocupada com as "relações naturais", e que pretenderia utilizar suas experiências pessoais em comédias que vai escrever. Floberta é sem dúvida alguma um elemento completamente alheio na estrutura da comédia. Um outro exemplo: o bailado de Joanicota com uma vizinha em *O Marinheiro Escritor*, que ocorre logo após uma cena, digamos assim, dramática, na qual as personagens haviam sido "transportadas" para um outro mundo, do qual retornam para a realidade cotidiana, estabelecendo estranhos nexos entre a vida e a morte. Essas danças, os solilóquios, as cenas totalmente soltas na estrutura das peças constituem um "corpo estranho" na fluência que, no palco, se tornarão muito mais evidentes e inquietantes.

Concordamos, contudo, "espetáculo surrealista" é evidentemente um despropósito que o público, inclusive, jamais aceitaria. O surrealismo tem que ser procurado no texto. Henri Béhar, que escreveu uma obra julga-

da definitiva sobre o assunto, considera que o impulso surrealista poderá ser reconhecido numa peça pelo:
1. automatismo verbal;
2. a libertação da linguagem;
3. produção de imagens arbitrárias que independam das realidades relacionadas com a palavra;
4. presença ou busca do Maravilhoso;
5. irrupção das forças do sonho;
6. humor;
7. descaracterização da personagem que não obedecerá, na sua construção, a processos psicológicos;
8. gestos e palavras desprovidos de "realidade carnal" que libertam, entretanto, uma "torrente devastadora da poesia"[3].

Esses elementos já encontramos na obra de Qorpo-Santo. Discorremos sobre o automatismo psíquico, que colaborou na sua elaboração, e sobre os elementos cômicos e de derrisão nela presentes. Observamos a total falta de desenho psicológico nas personagens e como, inconscientemente, Qorpo-Santo mostra a arbitrariedade de identificá-las mesmo através de um nome. Há também em todas as suas peças uma atmosfera onírica, com personagens femininas cobertas com longos véus (*Eu Sou Vida; Eu Não Sou Morte, A Separação de Dois Esposos, Lanterna de Fogo*), nuvens e milhares de luzes que descem dos céus, batidas misteriosas nas portas (sem que alguém apareça), incêndios nascidos por geração espontânea, trovoadas e relâmpagos ameaçadores, tudo criando a sensação de um mundo fluido e sem consistência. Por sua vez a preocupação surrealista com a liberdade (que sempre tornou seu casamento com a política bastante suspeitoso) levou-o a batalhar pela total libertação da linguagem, livrando-a dos grilhões da sintaxe. Qorpo-Santo tenta "escrever bem" mas, da mesma forma como o pensamento lógico escorrega sem cessar, também sua escritura não resiste e, de vez em quando, se liberta das regras, quando não cria palavras novas (flessontório, camaraóticas) para expressar uma idéia.

Por outro lado, é preciso cuidado na análise desses textos, para não cairmos na armadilha da seriedade e do

---

3. BEHAR, Henri. *Op. cit.*

pedantismo, procurando profundidades metafísicas e esdrúxulas paronomásias no que é, muitas vezes, apenas *nonsense*, ligado a uma tradição de comédia e costumes brasileiros. É aquele tipo de graça primária e infantil de se pegar uma palavra e depois decompô-la ou associá-la a outras, com sentido diverso ou sem sentido nenhum; um *calembour*, enfim. *Um Assovio* é exemplar, sob esse prisma. Suas cinco personagens forjam ininterruptamente frases, brincam com as palavras e com os gestos. Quando Fernando de Noronha, tirando um pedaço do nariz, reclama que seu glutão criado até já o comeu, não devemos cair no exagero de procurar uma explicação psicanalítica para o ato: vejam como suas personagens se despedaçam! Ou frases como "Por que não faz como eu, que atiro-me do mar, ponho-me no ar"?, ou então: "Agarrei-me primeiro a uma janela, pensando que era a Sra.! Depois a uma talha, ainda com a mesma ilusão! E ultimamente a uma música chamada cavatina, pensando sempre que era a Sra. D. Luduvina!".

É *nonsense*, sem dúvida, *nonsense* popular, às vezes quase vulgar, sem a sofisticação daquele de um Lewis Carroll, por exemplo. E quando nos referimos a popular e vulgar, não se veja nessa adjetivação uma vontade de diminuir o dramaturgo. Ao contrário, parece-nos extraordinária essa capacidade de Qorpo-Santo de, com um ouvido bastante fino, recriar brincadeiras tão ao gosto brasileiro. E, sobretudo, numa época em que teatro era sempre visto com letra maiúscula, ele não hesita em ser autêntico. O que demonstra mais uma vez a sua personalidade dividida. Quando ele quer ser sério, preocupado em ensinar e "fazer arte", é repetitivo e mesmo maçante. Mas quando esquece as preocupações, surge o outro eu, irônico e brincalhão, e seu diálogo torna-se leve e ágil, como, por exemplo, quando Luduvica recusa as propostas de Gabriel Galdino, mandando-o procurar a mulher. Ele retruca que ela poderá não querer e pergunta como proceder, ao que Luduvica, cheia de malícia, responde: "Ter paciência, e fazer-lhe continência", associando comicamente o gesto inútil à abstinência sexual (*Um Assovio*).

A própria reforma ortográfica defendida por Qorpo-Santo relaciona-se também com o problema da liberdade. Ele considerava absurdo observarem-se algumas tantas regras gramaticais apenas por respeito ao passado e que algo de novo só poderia nascer com o abandono não exatamente do que é velho, mas do velho-inútil, quanto mais não fosse por economia. Uma das personagens, como sempre, torna-se seu porta-voz, nessa defesa da liberação do português: Cário, em *Um Parto*. Qorpo-Santo chegou mesmo a tentar corresponder-se com Castilho sobre o tema, mas parece que o poeta não se dignou responder-lhe.

É curioso saber da existência de um dramaturgo pouco conhecido (e, parece, não encenado), que desejou criar um "superidealismo", opondo-se ao surrealismo; "uma consciência despertada por inconsciências, que por sua vez modificaria a subconsciência": Dr. Emile Malespine. Era ele um dadaísta que permaneceu fiel ao movimento, mesmo após a sua dissolução, e seus textos têm uma divertida atmosfera surrealista. O que nos interessa, contudo, é que defendia uma simplificação da ortografia francesa, baseado na "idéia de que um idioma é um organismo vivo capaz de transformações, adaptações e criações". Como Qorpo-Santo acreditava em transmigrações de almas, não é desrespeitoso imaginar que teria se encarnado no médico francês, neste século...

O que Breton, sobretudo, condenava no teatro, era a sua preocupação com a técnica e com a lógica, ausentes da obra qorpo-santense, o que faz o seu encanto e, às vezes, o seu tropeço. É difícil encenar Qorpo-Santo, porque não se pode esquecer – é claro – a presença do público a quem se dirige a peça. Vimos uma montagem de *As Relações Naturais*, onde a direção colocou dois atores vestidos de enfermeiros, "assistindo" aos solilóquios do protagonista, ou seja, para deixar claro aos espectadores ou que ele era visto como um louco, ou que a personagem seria louca mesmo, vivendo em uma casa de saúde.

Teatro e Surrealismo não são, portanto, incompatíveis, e aquele "estaria incluído na atividade poética geral, não havendo qualquer razão para lhe reservar um lugar privilegiado". Enquanto o Teatro do Absurdo mostra um mundo mesquinho e egoísta, e a progressiva perda dos valores humanos por uma sociedade que se automatiza cada vez mais, o Surrealismo procura uma integração do homem ocidental com o universo. Essa integração foi perdida momentaneamente e é passível de ser recuperada, quando desaparecer a dualidade: realidade visível e realidade perceptível. No Surrealismo, o homem não *está sendo* mas *pode ser*, porque o universo não é vazio de significações: no Teatro do Absurdo o homem não *está sendo* porque *jamais* poderá ser:

> Mas nenhum (dadaístas e surrealistas) tem uma visão angustiada da humanidade; eles estão longe do niilismo, no sentido mais profundo do termo. Se revelam o absurdo do universo, esforçando-se em destruir os compartimentos do cérebro, é com uma alegria evidente, a qual não deixa nenhum lugar para o desespero absoluto. Eles esperam uma tomada de consciência do espectador, que, com eles, fará tábua rasa do passado, e proporá os fundamentos de uma humanidade nova, entregue às alegrias de sua liberdade[4].

O Teatro de Qorpo-Santo nasceu do impulso inconsciente de conciliar sua imaginação com a realidade e, se o Surrealismo é uma "busca de resolução de antinomias", Qorpo-Santo é, ele próprio, uma perpétua contradição, onde os opostos se atraem e se repelem e sua personalidade tensa hesita em integrar-se ou desintegrar-se.

Sua obra teatral é a síntese dessas contradições e, embora levando a marca das particularidades do criador, extrapola-as, transformando-se em problemas reais nossos. Nela, sua personalidade dividida conseguiu integrar-se nas personagens, criando uma supra-realidade no palco. O Eu reencontrou-se e a duplicidade deixou de existir.

Se seu teatro carece de burilamento e se sua carpintaria claudica, sobra-lhe o que nos surrealistas, por atitude, sempre faltou: autenticidade na expressão do eu interior.

Parece que o dramaturgo, ao morrer, envolvido em definitivo na sua problemática pessoal, dissociou-se irremediavelmente da realidade cotidiana que sempre lhe negou a possibilidade de realização e, por extensão, a felicidade. Esperamos que ele, nesse alienamento, a tenha encontrado.

---

4. DUROZOI, G. & LECHERBONNIER, B. *Op. cit.*

BIBLIOGRAFIA

A Obra de Qorpo-Santo

CESAR, Guilhermino. *Qorpo-Santo – As Relações Naturais e Outras Comédias*. Porto Alegre, Ed. F.F.U.F.R.G.S., 1969.

QORPO-SANTO. *Teatro Completo*. Rio, MEC-SEAC-FUNARTE-SNT, 1980.

————. *Ensiqlopedia* (vol. I). Porto Alegre, Imprensa Literária, 1877 (cópia xerox).

————. *Ensiqlopedia* (vol. II, IV, VII, VIII, IX) Porto Alegre, Tipografia Qorpo-Santo, 1877 (cópia xerox).

Bibliografia Geral

ADES, Dawn. *O Dada e o Surrealismo*. Barcelona, Labor Ed., 1967.

AGUIAR, Flávio. *Os Homens Precários*. Porto Alegre, A Nação/I.E.L., 1957.

ALEXANDRIAN, Sarrane. *O Surrealismo*. Lisboa, Verbo, 1973.

BALAKIAN, Anna. *O Simbolismo*. São Paulo, Perspectiva, 1985.

BEHAR, Henri. *Le Théâtre Dada et Surréaliste*. Paris, Gallimard, 1979.

BRETON, André. *El Surrealismo: Puntos de Vista y Manifestaciones*. Barcelona, Barral Ed., 1972.

——————. *Manifestes du Surréalisme*. Paris, Gallimard, 1979.

——————. *Entretiens*. Paris, Gallimard, 1973.

CORVIN, Michel. *Le Théâtre Nouveau en France*. Paris, P.U.F., 1969.

——————. *Le Théâtre Nouveau à L'Étranger*. Paris, P.U.F., 1969.

DUROZOI, Gérard & LECHERBONNIER, B. *O Surrealismo*. Coimbra, Livraria Almedina, 1976.

ESSLIN, Martin. *Absurd Drama*. Middlesex, Penguin Books, 1965.

——————. *O Teatro do Absurdo*. Rio, Zahar, 1968.

GINESTIER, Paul. *Le Théâtre Contemporain dans le Monde*. Paris, P.U.F., 1961.

GUINSBURG, Jacó; TEIXEIRA COELHO NETTO, J. & CARDOSO, Reni Chaves (orgs.). *Semiologia do Teatro*. S. Paulo, Perspectiva, 1978.

HELBO, André et alii. *Semiología de la Representación*. Barcelona, Gustavo Gilli, 1975.

HINCHLIFFE, Arnold P. *The Absurd*. London, Methuen & Co. Ltd., 1969.

INGARDEN, Roman et alii. *O Signo Teatral*. Porto Alegre, Globo, 1977.

JANSEN, Steen. "Esquise d'une Théorie de la forme dramatique", *Langages* 12, Paris, Larousse, 1968.

MORTEO, Gian Renzo & SIMONIS, Ippolito. *Teatro Dada*. Barcelona, Barral, 1971.

NADEAU, Maurice. *História do Surrealismo*. São Paulo, Perspectiva, 1985.

PANDOLFI, Vito. *Histoire du Théâtre* (5 vols.), Verviers, Gérard & Co., 1969.

PRADO, Décio de Almeida. *Teatro em Progresso*. São Paulo, Martins, 1967.

REBELLO, Luiz Francisco. *Teatro Moderno*. Lisboa, Prelo, 1964.

REBOUÇAS, Marilda de Vasconcellos. *Surrealismo*. São Paulo, Ática, 1986.

RICHTER, Hans. *Dada – Art et Anti-art*. Bruxelles, Ed. La Connaissance S.A., 1965.

SOURIAU, Étienne. *Le Deux Cent Mille Situations Dramatiques*. Paris, Flammarion, 1970.

TAYLOR, John Russell. *The Penguin Dictionary of Theatre*. Middlesex, Penguin, 1978.

TELLES, Gilberto Mendonça. *Vanguarda Européia e Modernismo Brasileiro*. Petrópolis, Vozes, 1972.

TZARA, Tristan. *Siete Manifiestos Dada*. Barcelona, Tusquets Ed., 1972.

VÁRIOS AUTORES. *La Revolución Surrealista através de André Breton*. Caracas, Monte Avila Ed., 1970.

COLEÇÃO DEBATES

1. *A Personagem de Ficção*, Antonio Candido e outros.
2. *Informação, Linguagem, Comunicação*, Décio Pignatari.
3. *Balanço da Bossa e Outras Bossas*, Augusto de Campos.
4. *Obra Aberta*, Umberto Eco.
5. *Sexo e Temperamento*, Margaret Mead.
6. *Fim do Povo Judeu?*, Georges Friedmann.
7. *Texto/Contexto*, Anatol Rosenfeld.
8. *O Sentido e a Máscara*, Gerd A. Bornheim.
9. *Problemas da Física Moderna*, W. Heisenberg e outros.
10. *Distúrbios Emocionais e Anti-Semitismo*, N. W. Ackermann e M. Jahoda.
11. *Barroco Mineiro*, Lourival Gomes Machado.
12. *Kafka: Pró e Contra*, Günther Anders.
13. *Nova História e Novo Mundo*, Frédéric Mauro.
14. *As Estruturas Narrativas*, Tzvetan Todorov.
15. *Sociologia do Esporte*, Georges Magnane.
16. *A Arte no Horizonte do Provável*, Haroldo de Campos.
17. *O Dorso do Tigre*, Benedito Nunes.
18. *Quadro da Arquitetura no Brasil*, Nestor G. Reis Filho.

19. *Apocalípticos e Integrados*, Umberto Eco.
20. *Babel & Antibabel*, Paulo Rónai.
21. *Planejamento no Brasil*, Betty Mindlin Lafer.
22. *Lingüística. Poética. Cinema*, Roman Jakobson.
23. *LSD*, John Cashman.
24. *Crítica e Verdade*, Roland Barthes.
25. *Raça e Ciência I*, Juan Comas e outros.
26. *Shazam!*, Álvaro de Moya.
27. *Artes Plásticas na Semana de 22*, Aracy Amaral.
28. *História e Ideologia*, Francisco Iglésias.
29. *Peru: da Oligarquia Econômica à Militar*, A. Pedroso d'Horta.
30. *Pequena Estética*, Max Bense.
31. *O Socialismo Utópico*, Martin Buber.
32. *A Tragédia Grega*, Albin Lesky.
33. *Filosofia em Nova Chave*, Susanne K. Langer.
34. *Tradição, Ciência do Povo*, Luís da Câmara Cascudo.
35. *O Lúdico e as Projeções do Mundo Barroco*, Affonso Ávila.
36. *Sartre*, Gerd A. Bornheim.
37. *Planejamento Urbano*, Le Corbusier.
38. *A Religião e o Surgimento do Capitalismo*, R. H. Tawney.
39. *A Poética de Maiakóvski*, Boris Schnaiderman.
40. *O Visível e o Invisível*, Marcel Merleau-Ponty.
41. *A Multidão Solitária*, David Riesman.
42. *Maiakóvski e o Teatro de Vanguarda*, A. M. Ripellino.
43. *A Grande Esperança do Século XX*, J. Fourastié.
44. *Contracomunicação*, Décio Pignatari.
45. *Unissexo*, Charles F. Winick.
46. *A Arte de Agora, Agora*, Herbert Read.
47. *Bauhaus: Novarquitetura*, Walter Gropius.
48. *Signos em Rotação*, Octavio Paz.
49. *A Escritura e a Diferença*, Jacques Derrida.
50. *Linguagem e Mito*, Ernst Cassirer.
51. *As Formas do Falso*, Walnice Nogueira Galvão.
52. *Mito e Realidade*, Mircea Eliade.
53. *O Trabalho em Migalhas*, Georges Friedmann.
54. *A Significação no Cinema*, Christian Metz.
55. *A Música Hoje*, Pierre Boulez.
56. *Raça e Ciência II*, L. C. Dunn e outros.
57. *Figuras*, Gérard Genette.
58. *Rumos de uma Cultura Tecnológica*, Abraham Moles.
59. *A Linguagem do Espaço e do Tempo*, Hugh M. Lacey
60. *Formalismo e Futurismo*, Krystyna Pomorska.
61. *O Crisântemo e a Espada*, Ruth Benedict.
62. *Estética e História*, Bernard Berenson.
63. *Morada Paulista*, Luís Saia.
64. *Entre o Passado e o Futuro*, Hannah Arendt.
65. *Política Científica*, Heitor G. de Souza e outros.
66. *A Noite da Madrinha*, Sérgio Miceli.
67. *1822: Dimensões*, Carlos Guilherme Mota e outros.
68. *O Kitsch*, Abraham Moles.
69. *Estética e Filosofia*, Mikel Dufrenne.
70. *O Sistema dos Objetos*, Jean Baudrillard.
71. *A Arte na Era da Máquina*, Maxwell Fry.
72. *Teoria e Realidade*, Mario Bunge.
73. *A Nova Arte*, Gregory Battcock.
74. *O Cartaz*, Abraham Moles.

75. *A Prova de Gödel*, Ernest Nagel e James R. Newman.
76. *Psiquiatria e Antipsiquiatria*, David Cooper.
77. *A Caminho da Cidade*, Eunice Ribeiro Durhan.
78. *O Escorpião Encalacrado*, Davi Arrigucci Júnior.
79. *O Caminho Crítico*, Northrop Frye.
80. *Economia Colonial*, J. R. Amaral Lapa.
81. *Falência da Crítica*, Leyla Perrone Moisés.
82. *Lazer e Cultura Popular*, Joffre Dumazedier.
83. *Os Signos e a Crítica*, Cesare Segre.
84. *Introdução à Semanálise*, Julia Kristeva.
85. *Crises da República*, Hannah Arendt.
86. *Fórmula e Fábula*, Willi Bolle.
87. *Saída, Voz e Lealdade*, Albert Hirschman.
88. *Repensando a Antropologia*, E. R. Leach.
89. *Fenomenologia e Estruturalismo*, Andrea Bonomi.
90. *Limites do Crescimento*, Donella H. Meadows e outros (Clube de Roma).
91. *Manicômios, Prisões e Conventos*, Erving Goffman.
92. *Maneirismo: O Mundo como Labirinto*, Gustav R. Hocke.
93. *Semiótica e Literatura*, Décio Pignatari.
94. *Cozinhas, etc.*, Carlos A. C. Lemos.
95. *As Religiões dos Oprimidos*, Vittorio Lanternari.
96. *Os Três Estabelecimentos Humanos*, Le Corbusier.
97. *As Palavras sob as Palavras*, Jean Starobinski.
98. *Introdução à Literatura Fantástica*, Tzvetan Todorov.
99. *Significado nas Artes Visuais*, Erwin Panofsky.
100. *Vila Rica*, Sylvio de Vasconcellos.
101. *Tributação Indireta nas Economias em Desenvolvimento*, J. F. Due.
102. *Metáfora e Montagem*, Modesto Carone.
103. *Repertório*, Michel Butor.
104. *Valise de Cronópio*, Julio Cortázar.
105. *A Metáfora Crítica*, João Alexandre Barbosa.
106. *Mundo, Homem, Arte em Crise*, Mário Pedrosa.
107. *Ensaios Críticos e Filosóficos*, Ramón Xirau.
108. *Do Brasil à América*, Frédéric Mauro.
109. *O Jazz, do Rag ao Rock*, Joachim E. Berendt.
110. *Etc..., Etc... (Um Livro 100% Brasileiro)*, Blaise Cendrars.
111. *Território da Arquitetura*, Vittorio Gregotti.
112. *A Crise Mundial da Educação*, Philip H. Coombs.
113. *Teoria e Projeto na Primeira Era da Máquina*, Reyner Banham.
114. *O Substantivo e o Adjetivo*, Jorge Wilheim.
115. *A Estrutura das Revoluções Científicas*, Thomas S. Kuhn.
116. *A Bela Época do Cinema Brasileiro*, Vicente de Paula Araújo.
117. *Crise Regional e Planejamento*, Amélia Cohn.
118. *O Sistema Político Brasileiro*, Celso Lafer.
119. *Êxtase Religioso*, Ioan M. Lewis.
120. *Pureza e Perigo*, Mary Douglas.
121. *História, Corpo do Tempo*, José Honório Rodrigues.
122. *Escrito sobre um Corpo*, Severo Sarduy.
123. *Linguagem e Cinema*, Christian Metz.
124. *O Discurso Engenhoso*, Antonio José Saraiva.
125. *Psicanalisar*, Serge Leclaire.
126. *Magistrados e Feiticeiros na França do Século XVII*, R. Mandrou.
127. *O Teatro e sua Realidade*, Bernard Dort.
128. *A Cabala e seu Simbolismo*, Gershom G. Scholem.

129. *Sintaxe e Semântica na Gramática Transformacional*, A. Bonomi e G. Usberti.
130. *Conjunções e Disjunções*, Octavio Paz.
131. *Escritos sobre a História*, Fernand Braudel.
132. *Escritos*, Jacques Lacan.
133. *De Anita ao Museu*, Paulo Mendes de Almeida.
134. *A Operação do Texto*, Haroldo de Campos.
135. *Arquitetura, Industrialização e Desenvolvimento*, Paulo J. V. Bruna.
136. *Poesia-Experiência*, Mário Faustino.
137. *Os Novos Realistas*, Pierre Restany.
138. *Semiologia do Teatro*, Org. J. Guinsburg e J. Teixeira Coelho Netto.
139. *Arte-Educação no Brasil*, Ana Mae T. B. Barbosa.
140. *Borges: Uma Poética da Leitura*, Emir Rodríguez Monegal.
141. *O Fim de uma Tradição*, Robert W. Shirley.
142. *Sétima Arte: Um Culto Moderno*, Ismail Xavier.
143. *A Estética do Objetivo*, Aldo Tagliaferri.
144. *A Construção do Sentido na Arquitetura*, J. Teixeira Coelho Netto.
145. *A Gramática do Decameron*, Tzvetan Todorov.
146. *Escravidão, Reforma e Imperialismo*, Richard Graham.
147. *História do Surrealismo*, Maurice Nadeau.
148. *Poder e Legitimidade*, José Eduardo Faria.
149. *Práxis do Cinema*, Noel Burch.
150. *As Estruturas e o Tempo*, Cesare Segre.
151. *A Poética do Silêncio*, Modesto Carone.
152. *Planejamento e Bem-Estar Social*, Henrique Rattner.
153. *Teatro Moderno*, Anatol Rosenfeld.
154. *Desenvolvimento e Construção Nacional*, S. N. Eisenstadt.
155. *Uma Literatura nos Trópicos*, Silviano Santiago.
156. *Cobra de Vidro*, Sérgio Buarque de Holanda.
157. *Testando o Leviathan*, Antonia Fernanda Pacca de Almeida Wright.
158. *Do Diálogo e do Dialógico*, Martin Buber.
159. *Ensaios Lingüísticos*, Louis Hjelmslev.
160. *O Realismo Maravilhoso*, Irlemar Chiampi.
161. *Tentativas de Mitologia*, Sérgio Buarque de Holanda.
162. *Semiótica Russa*, Boris Schnaiderman.
163. *Salões, Circos e Cinemas de São Paulo*, Vicente de Paula Araújo.
164. *Sociologia Empírica do Lazer*, Joffre Dumazedier.
165. *Física e Filosofia*, Mario Bunge.
166. *O Teatro Ontem e Hoje*, Célia Berrettini.
167. *O Futurismo Italiano*, Org. Aurora Fornoni Bernardini.
168. *Semiótica, Informação e Comunicação*, J. Teixeira Coelho Netto.
169. *Lacan: Operadores da Leitura*, Américo Vallejo e Lígia Cademartore Magalhães.
170. *Dos Murais de Portinari aos Espaços de Brasília*, Mário Pedrosa.
171. *O Lírico e o Trágico em Leopardi*, Helena Parente Cunha.
172. *A Criança e a FEBEM*, Marlene Guirado.
173. *Arquitetura Italiana em São Paulo*, Anita Salmoni e E. Debenedetti.
174. *Feitura das Artes*, José Neistein.
175. *Oficina: Do Teatro ao Te-Ato*, Armando Sérgio da Silva.
176. *Conversas com Igor Stravinski*, Robert Craft e Igor Stravinski.
177. *Arte como Medida*, Sheila Leirner.
178. *Nzinga*, Roy Glasgow.
179. *O Mito e o Herói no Moderno Teatro Brasileiro*, Anatol Rosenfeld.
180. *A Industrialização do Algodão na Cidade de São Paulo*, Maria Regina de M. Ciparrone Mello.

181. *Poesia com Coisas*, Marta Peixoto.
182. *Hierarquia e Riqueza na Sociedade Burguesa*, Adeline Daumard.
183. *Natureza e Sentido da Improvisação Teatral*, Sandra Chacra.
184. *O Pensamento Psicológico*, Anatol Rosenfeld.
185. *Mouros, Franceses e Judeus*, Luís da Câmara Cascudo.
186. *Tecnologia, Planejamento e Desenvolvimento Autônomo*, Francisco Sagasti.
187. *Mário Zanini e seu Tempo*, Alice Brill.
188. *O Brasil e a Crise Mundial*, Celso Lafer.
189. *Jogos Teatrais*, Ingrid Dormien Koudela.
190. *A Cidade e o Arquiteto*, Leonardo Benevolo.
191. *Visão Filosófica do Mundo*, Max Scheler.
192. *Stanislavski e o Teatro de Arte de Moscou*, J. Guinsburg.
193. *O Teatro Épico*, Anatol Rosenfeld.
194. *O Socialismo Religioso dos Essênios: A Comunidade de Qumran*, W. J. Tyloch.
195. *Poesia e Música*, Org. Carlos Daghlian.
196. *A Narrativa de Hugo de Carvalho Ramos*, Albertina Vicentini.
197. *Vida e História*, José Honório Rodrigues.
198. *As Ilusões da Modernidade*, João Alexandre Barbosa.
199. *Exercício Findo*, Décio de Almeida Prado.
200. *Marcel Duchamp: Engenheiro do Tempo Perdido*, Pierre Cabanne.
201. *Uma Consciência Feminista: Rosario Castellanos*, Beth Miller.
202. *Neolítico: Arte Moderna*, Ana Cláudia de Oliveira.
203. *Sobre Comunidade*, Martin Buber.
204. *O Heterotexto Pessoano*, José Augusto Seabra.
205. *O Que é uma Universidade?*, Luiz Jean Lauand.
206. *A Arte da Performance*, Jorge Glusberg.
207. *O Menino na Literatura Brasileira*, Vânia Maria Resende.
208. *Do Anti-Sionismo ao Anti-Semitismo*, Léon Poliakov.
209. *Da Arte e da Linguagem*, Alice Brill.
210. *A Linguagem da Sedução*, Org. de Ciro Marcondes Filho.
211. *O Teatro Brasileiro Moderno: 1930-1980*, Décio de Almeida Prado.
212. *Qorpo-Santo: Surrealismo ou Absurdo*, Eudinyr Fraga.

Este livro foi impresso na
LIS GRÁFICA E EDITORA LTDA.
Rua Visconde de Parnaíba, 2.753 - Belenzinho
CEP 03045 - São Paulo - SP - Fone: 292-5666
com filmes fornecidos pelo editor.